012sports

バスケットボールテクニック

1on1を極める!

トップコーチの実戦アドバイスで
確実にうまくなる!

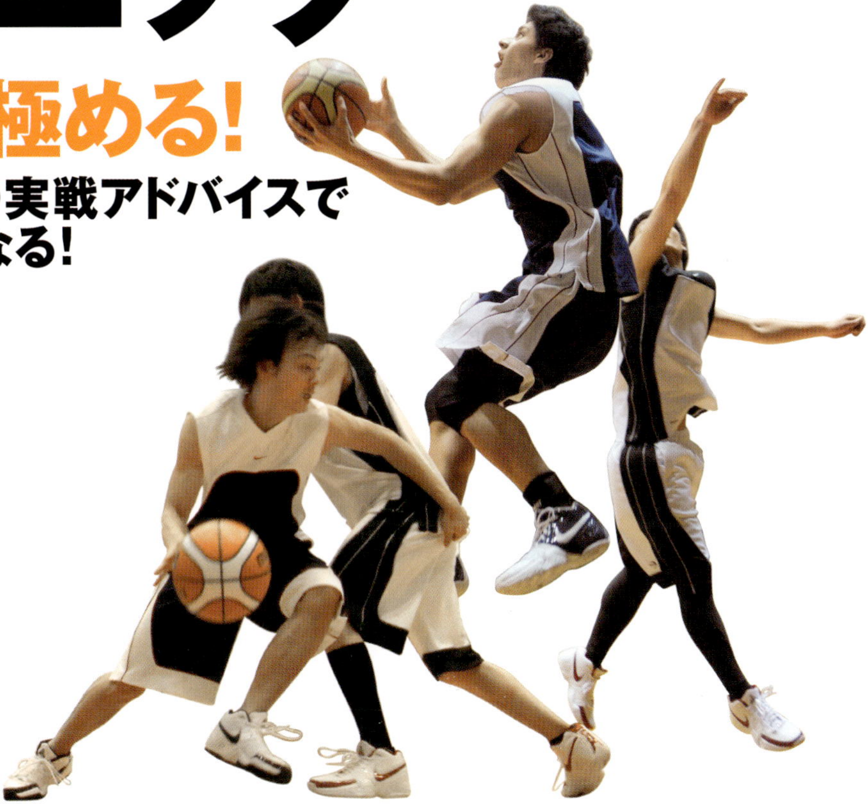

塚本清彦 （監修）
Tsukamoto Kiyohiko

大泉書店

KIYOHIKO TSUKAMOTO

I BECOME THE BEST PLAYER

強いプレイヤーになるために

塚本清彦さんは小学生からプロまで、ありとあらゆる世代のバスケットボールプレイヤーと接している。だからこそ、見えるものがあり、ここでは強いプレイヤーになるための秘訣を語ってもらった。

「考える」ことのできるバスケットボールプレイヤー

　きみがバスケットボールプレイヤーならば、こんなプレイヤーになりたい、こんなプレイをしてみたいと自分で考えてみてください。

　コーチは「お前はセンターなんだ。試合に勝つためにインサイドに立ってパワフルにプレイしろ」というかもしれません。もちろん、やらなくちゃいけないことはやるけれど「それだけじゃないんだ、オレは。もっと違うこともできるようになりたいんだ」といった意志を持ってほしいのです。

　教えられた通りにやるだけなら簡単です。ただ、コーチに教わっただけで「あぁ1日の練習が終わった」と思う人は、絶対に上手くなりません。自分で考えるということは葛藤もあるし、自分に厳しくならないといけないのでとても大変です。だからこそ、その大変さをいっぱい味わってほしいのです。コーチに教わることが全てじゃない。自分で考えて貪欲にスキルアップを求めて努力をすること。それが一番大事なことなんじゃないかと思います。

　そして、自分で考えられるようになったら、今やるべき練習に集中しましょう。過去を振り返ってはいけません。もし、過去に行った試合や練習できみがミスをしたのなら、その理由をきちんと整理して、繰り返さないための方法を考えればいいのです。きみが小学生、または中学生ならば、そのことをノートにまとめてみてください。高校生ならば、頭の中で要点を思い浮かべるくらいでいいでしょう。あとは次に何をするのかだけを考えます。それを続けていれば、必ずきみのスキルは上達します。

全国各地で行われるクリニック。塚本さんの指導を受け、苦手だったプレイができるようになり、またひとつバスケットボールの楽しさを感じていく。

「もっと上手くなりたい」。その声に全力で応える塚本さん。この中から未来の日本のバスケシーンを牽引するプレイヤーが出現するかもしれない。

　そんなプレイヤーがたくさん現れたら、いずれこれまでの日本人にはいなかったスタイルを持ったプレイヤーが生まれるはずです。僕はそんなプレイヤーこそが見てみたいのです。

日本人が身につけるべきもの「イマジネーション」「クリエーション」

　日本のバスケットボールを見ていると、平均的なレベルで満足しているプレイヤーが多いことにきづきます。もちろん、バスケットボールの基礎となるプレイは必要ですが、それで世界と戦えるかといったらどうしても疑問が残ってしまいます。

　アメリカやヨーロッパと日本のプレイヤーを比べると、日本人プレイヤーに圧倒的に欠けているものがあります。それは「イマジネーション（想像）」と「クリエーション（創造）」。日本人プレイヤーは反復練習を行うことでマスターできるプレイは非常に上手いのですが、そこから何かをイメージしたり、つくり上げたりといったことが苦手です。つまり、コーチに「このようにプレイしなさい」といわれればすぐに理解することができるのですが、そこから自分なりにプレイを発展させていくことができないのです。それとは逆にアメリカやヨーロッパのプレイヤーは、よくいえば独創的、悪くいえば自分本意なプレイスタイルの場合が多いですね。そのため、日本人の1 on 1スキルはアメリカやヨーロッパのプレイヤーに比べて明らかに見劣りしてしまいます。

　「イマジネーション」と「クリエーション」を持たなければ、日本が世界で活躍することは難しいでしょう。そして、念願の日本人プレイヤーがNBAで活躍することも遠い未来のこととなってしまいます。

　必要なのは子どもたちがプレ・ゴールデンエイジ（〜8、9歳頃）に、どんどん高いレベルのプレイヤーと接することです。試合をしても簡単に弾き飛ばされてしまうでしょう。ただ、その経験は貴重であり、そこから生まれる技術が必ずあるのです。

KIYOHIKO TSUKAMOTO

I BECOME THE BEST PLAYER

コートに立って信じられるのは自分とチームメイトの力だ。このコート上で学ぶことや感じることは、他の場所で学ぶことはできない。

NBAプレイヤーの多くは、サッカーや野球などもプレイして育っている。イマジネーションとクリエーションのヒントはそこにあるのかもしれない。

夢を実現させるために知っておきたいこと

　ここまで日本人プレイヤーが、世界のレベルに追いつくために必要な能力を紹介しました。そして、きみの抱く夢もそれくらいのスケール感を持ってもいいかもしれません。例えば、それがNBAプレイヤーになるという果てしない夢であったとしても。

　ただ、その夢が現実的であるのかを冷静に見定めなければなりません。アメリカへ渡るなら22歳の大学生では時期が遅く、高校生のときに渡米の決意をしなければなりません。他にもコミュニケーションをとるための語学力やNBAで通用する実力があるかなど、考えることはたくさんあります。そして、何より日本のバスケットボール環境がNBAプレイヤーを輩出するレベルまで到達していないのです。

　日本には小・中・高・大と、バスケットボールをプレイする環境があります。しかし、どのチームも目標は勝利であり、プレイヤーの育成ではないのです。「こいつをNBAに絶対行かせる」など、将来的なビジョンを持つチームやコーチはなかなかいないでしょう。

　ただ、きみの夢は無限大であり、自分の可能性は自分の中にあります。決めたことは、コーチや親が何といってもやるべきです。結果だけを見たら、その夢が叶わないこともあるでしょう。しかし、バスケットボールが大好きで、夢を実現するために毎日練習することはとても大事なことです。それはバスケットボールに限らず、社会でもそういえるかもしれません。

これからのプレイヤーにこそ「1on1」を意識してほしい

　現在、NBAに挑戦しようとしているひとりのプレイヤーがいます。その挑戦を人は無謀というかもしれません。しかし、僕はそのチャンスを生かしてほしいと思っています。誰もその勇気を否定することはできないし、その後の道を切り拓くにはそんなチャレンジも

NBA解説者としても活躍する塚本さん。世界一のプレイも、はじめてシュートが入ってよろこぶプレイヤーのプレイも、どちらも知っている。

数多くの試合が行われるNBA。しかし、同じ瞬間は2度とやってこない。だからこそ塚本さんは「今できることを考えろ」と若いプレイヤーに語る。

必要だと思うのです。簡単な道を行くのではなく、あえて険しい道を選んだ彼を尊敬するし、最後までやり遂げてほしいですね。

そんな彼はいろいろなコーチによって個人指導を受けながら、日々のトレーニングに励んでいます。数あるトレーニングメニューの中には、2回ドリブルをついてからのステップインシュートや、スピンムーブからレッグスルーといったコンビネーションのメニューも含まれています。彼は2mもの長身の持ち主なのですが、なぜボールハンドリングを必要とするスキルまでマスターしようとしているのでしょうか？　それは日本人が苦手としている1on1をレベルアップさせるためなのです。

日本人が1on1を苦手とするのは、前に話した通り「イマジネーション」と「クリエーション」が欠けているためです。なぜそうなるかというと例えば身長が高いだけでセンターとしてのみ育てられ、他のポジションは与えられないといったことがあげられます。

つまり、特定のポジション以外のプレイをほとんど練習しないでバスケットボールを続けてきたのです。しかし、アメリカでは身長によってポジションを分けるということはしないし、2mあったとしてもガードをしているプレイヤーは実にたくさんいるのです。その中で生き残るためには1on1のスキルがないということが致命的な欠点ともいえるのです。

『DVD バスケットボールテクニック 1on1を極める！』も1on1のスキルを上げることを目的としてつくられています。本の中身はシュート・ドリブル・フェイクのテクニックや、それらを組み合わせたコンビネーションなどを紹介しています。僕はガードやフォワードはもちろんですが、センタープレイヤーにもぜひ読んでほしいと思っています。ポジションを問わず、1on1のスキルは必要なのです。そして、この本をきっかけに1on1をより意識して練習してくれれば嬉しいです。そうすればいずれきっと世界にも通用するスコアラーが日本人からも誕生するはずです。

ポジションの役割

ここでは各ポジションに求められることを紹介する。ただ、自分のプレイの幅を狭めないためにも、より多くのポジションをこなせることがベストである。

POINT GUARD ポイントガード PG
試合を組み立てるチームの指令塔

ポイントガードはチームの指令塔といえるポジション。野球でいうならキャッチャー、サッカーならミッドフィルダーにあたる。

冷静に試合の流れを読み、オフェンスのリズムをキープする、もしくは変えるといった切り替えを行う。そして、正確なパスを出し、チームメイトの得点をアシストしながら試合を組み立てるのだ。オフェンスの流れが悪ければ、局面打開のために自らシュートを打ち、得点することも求められる。そのため、ボールコントロールやボディコントロールなどの能力は必ず備えておきたい。

そして、一番大事なのがマインドコントロールである。ポイントガードは自分の感情をセーブし、試合の局面に応じてチームをコントロールしなければならないのだ。

SHOOTING GUARD シューティングガード SG
とにかくシュートを狙うスコアラー

3Pシュートなど、長距離からのシュートを得意とするスコアラー。スピーディーなドライブもでき、ときにはポイントガードの代わりにボール運びをすることもある。

シューティングガードには、ボールを持って1on1で切り崩すタイプと、ボールを持たないところでスクリーンなどを使いながら動いてノーマークをつくり、シュートを決めるタイプとがある。

求められる能力は長距離からのシュート力とボールハンドリング。そして、なんといってもポジティブシンキングである。最初のシュートを10本外しても、その次のシュートを10本決めると思えるくらいのメンタリティーが、シューティングガードにとって欠かせない能力なのである。

SMALL FORWARD スモールフォワード SF
オールラウンドなプレイを展開

スモールフォワードは、中長距離からのシュート、ドライブ、ファーストブレイク、そして、ゴール下のリバウンド争いにも参加しなければならない。つまり、全ポジションの中で、最もオールラウンドなプレイを求められる。

それに加えて、得点を決めなければならないポジションでもある。そのため、必要となる能力も幅広い。中長距離からのシュート力はもちろん、ボディコンタクトの強さや、シャープな動きなどが必要となる。また、ゴールから離れた位置でプレイする機会が多いため、ボールハンドリングも重要である。

POWER FORWARD パワーフォワード PF
インサイドでのパワフルなプレイ

パワーフォワードはその名の通り、パワフルなプレイが求められるポジションである。センターと同じようにフリースローレーンあたりでポストアップして1on1を仕掛けたり、スクリーナーになったり、リバウンド争いに絡んだりと、基本的にはインサイドでプレイを行う機会が多い。

ただ、スモールフォワードほどではないが、機動力を求められることもある。パワーフォワードに必要な能力は、ボディコンタクトの強さ、ジャンプ力、ペリメーター（ペイントエリアのすぐ外側あたり）からのシュート力である。

CENTER センター C
ゴール下の覇者でありチームの柱

センターはチームの柱。あまり動き回ることはせず、フリースローレーンあたりでポストアップして、6割以上のシュート成功率であれば、優れたセンターであるといえるだろう。

また、ペイントエリアはジャングルに例えられるほど、競り合いや接触プレイが多い険しい場所である。そのため、センターは他を寄せつけないボディコンタクトの強さが必要である。ディフェンスに身長で劣るときのために、フックシュートを左右の腕で打てるようになっておきたい。

DVD バスケットボールテクニック
1on1を極める!

CONTENTS

強いプレイヤーになるために	002
ポジションの役割	006
本書の使い方／DVDの使い方	010

1st Period 1on1!
1on1を極める

ショルダーフェイク→ジャンプシュート 変則ドリブルでブロックを回避	014
ステップバック→フェイドアウェイシュート 間合いをつくるプレイをセレクト	016
ジャブステップ→ジャンプシュート 足の運びでシュートの間合いをつくる	018
インサイドアウト→レッグスルー→レイアップシュート ボールハンドリングをスムーズに	020
ロッカーモーション→スクープシュート ディフェンスとの間合いで勝負する	022
スキップステップ→ビハインドザバック→フローターシュート 緩急の差でディフェンスを抜く	024
Vカット→シュートフェイク→ジャンプシュート タイトなディフェンスを振り切る	026
Iカット→ダブルクラッチ ゴール下にフリースペースをつくる	028
フロントターン→シュートフェイク→ジャンプシュート インサイドのベーシックなプレイ	030
リバースターン→シュートフェイク→フェイドアウェイシュート インサイドでシュートスペースを確保	032
ドロップステップ→フックシュート 切り返しでディフェンスをかわす	034
パワードリブル→ポンプフェイク→フィンガーロール パワープレイでコースを切り開く	036
スピンターン→フェイドアウェイシュート ワンアクションでディフェンスを抜く	038

TRAINING GUIDE

ウォーミングアップで体をほぐす	040

COLUMN 1

シューズの構造	046

2nd Period SHOOT!
シュートを極める

ミドルシュート ボールをまっすぐに飛ばす	050
ジャンプシュート 真上へジャンプしてバランスをとる	052
フェイドアウェイシュート 後ろへ跳んでブロックを回避	054
レイアップシュート 真上に跳ぶイメージを持つ	056
バックレイアップシュート ブロックを予測してステップ	058
フローターシュート ボールを真上へ放る	059
ダブルクラッチ 空中でボールを持ち替える	060
フックシュート 手首と指先でボールコントロール	062
スクープシュート 体を流しながら放つ	064
フロントターン&ジャンプシュート ターンでスペース確保	066
リバースターン&ジャンプシュート 片足でディフェンスと間合いをとる	068

TRAINING GUIDE

安定したシュートのために	070

COLUMN 2
シューズの選び方　　　　　　　　　078

3rd Period　DRIBBLE!
ドリブルを極める

ドライブ
肩を使って「縦に抜く」　　　　　　082

クロスオーバー
上下左右にボールを大きく振る　　　084

レッグスルー
つま先で急激な方向転換　　　　　　086

スピンムーブ
ディフェンスを軸にしてターン　　　088

インサイドアウト
スピードにのったままボールハンドリング　090

ビハインドザバック
腕を大きく振って背後にボールを通す　092

ギャロップモーション
コースを読ませないステップ　　　　094

スキップステップ
スローテンポな動きで状況判断　　　096

スキップステップ→ギャロップモーション
緩急の差でディフェンスを抜き去る　098

TRAINING GUIDE
ドリブルでボールを自在に操る　　　100

COLUMN 3
ボールの構造　　　　　　　　　　　108

4th Period　FAKE!
フェイクを極める

シュートフェイク
シュートモーションをコンパクトに　112

ロッカーモーション
上体の上下運動でディフェンスを崩す　114

ショルダーフェイク
全身を振ってコースを読ませない　　116

ステップバック
強く後ろへ跳び間合いをつくる　　　118

ジャブステップ
足の運びでディフェンスをだます

スピンフェイク
ヒザのタメでボディコントロール　　120

ドロップステップ
縦に軸足をすべらせる

スウェイバック
力の抜き差しでポジション確保　　　122

フェイク&ゴー
サイドステップでディフェンスをかわす

Vカット
ディフェンスをインサイドへ押し込む　124

Lカット
キレのある方向転換で振り切る　　　125

Iカット
ボールミートと思わせる演技力　　　126

Cカット
緩急をつけて大きく回り込む　　　　127

TRAINING GUIDE
確実にフェイクを成功させる　　　　128

COLUMN 4
最強スコアラーの条件 vol.1　　　　136

Time Out　MENTAL!
メンタルを鍛える

フリースロー成功率を上げる　　　　140
（イメージトレーニング）

シュートミスを恐れない　　　　　　144
（集中力を身につける）

いつもベストな状態でプレイしたい　146
（感情のコントロール）

ディフェンスの雰囲気に屈しない　　148
（自信を持つ）

つらい練習を楽しむために　　　　　152
（セルフモチベーションを高める）

COLUMN 5
最強スコアラーの条件 vol.2　　　　154

バスケットボール用語解説　　　　　156

本書の使い方

個人技を学んで1on1に強くなる

本書は1on1を中心に、個人技に磨きをかけることが目的です。個々のテクニックを習得するのはもちろんですが、それを試合でどのようにプレイするのかが重要なのです。1on1のプレイが上手くいかないときには、各テクニックページで動きを確認するとよいでしょう。

POINTで各テクニックの重要な部分がわかる。

プレイヤーの動きがよくわかる連続写真を紹介。ディフェンスがどのような動きをするのかも要チェック。

テクニックの応用編。これでさらにスキルアップ。

CHECK
ここでフォームやリズムなど、注意するべきところを確認する。

トレーニングガイドでさらにレベルアップ

1on1、シュート、ドリブル、フェイクに必要な能力をトレーニングガイドで身につけます。日々のトレーニングが、試合での自信につながるのです。

メンタルトレーニングで負けないプレイヤーになる

試合では様々なプレッシャーがプレイヤーを襲います。どんな状況でも「勝てる」プレイヤーになるためのメンタルトレーニングを紹介します。

DVDの使い方

あらゆる角度から1on1の動きがよくわかる

DVDでは、様々なアングルからプレイを見ることができます。どのようにオフェンスが動き、それに対してディフェンスがどう反応するかがはっきり見えます。

1 DVDをプレイヤーにセットして再生する。タイトル画面の後、メインメニューが表示。

2 メインメニューが表示された後、はじめから通して見たいときは「ALL PLAY」を、その他の場合は各メニューを選択する。

3 メニューを選択すると、チャプターメニューが表示される。すべて通して見たいときは「ALL PLAY」、テクニックごとに見たいときは各チャプターを選択する。

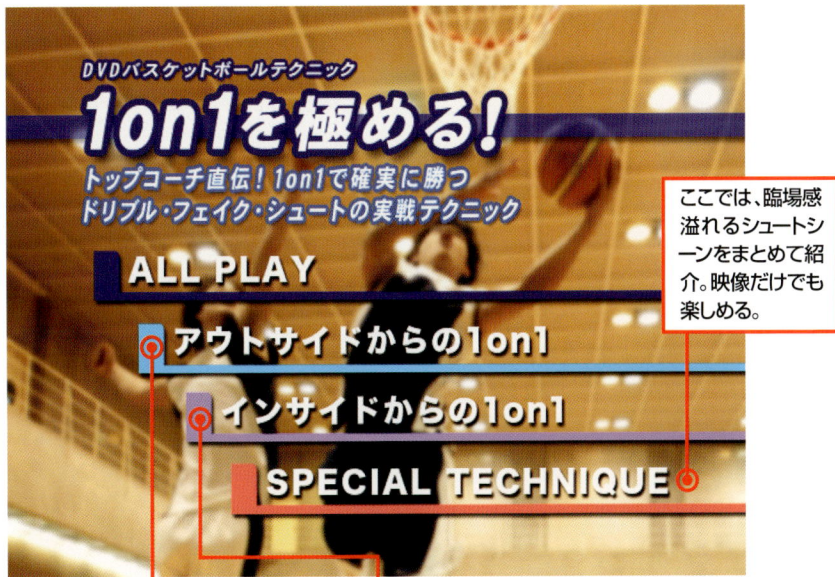

ここでは、臨場感溢れるシュートシーンをまとめて紹介。映像だけでも楽しめる。

チャプターメニュー（アウトサイドからの1on1）
1on1の中でも、アウトサイドからの攻撃を紹介するメニュー。基本を紹介するだけではなく、応用、3on3も紹介しているので、プレイの選択肢が増える。

チャプターメニュー（インサイドからの1on1）
インサイドからの攻撃を紹介するメニュー。アウトサイドからの攻撃と同じように、基本、応用、3on3をあわせて紹介。試合をイメージしながら見ることができる。

1st Period 1on1!

1on1を極める

ここで紹介する1on1は、シュート、ドリブル、フェイクのテクニックを組み合わせてつくられている。しかし、そのまま覚えても試合で生かすことは難しい。大切なのはシチュエーションに応じて最高のテクニックを選択することなのだ。それができれば1on1は何パターンでもつくることができるだろう。

SHOULDER FAKE→JUMP SHOT | ショルダーフェイク→ジャンプシュート
変則ドリブルでブロックを回避

TSUKAMOTO LIVE TALK

進行方向にディフェンスがいる場合。全身の大きな振りでディフェンスを揺さぶり、重心を崩します。その瞬間、ディフェンスをすばやく抜き去りジャンプシュートを放ちましょう。

1 ディフェンスと向かい合っている状態。全身を大きく振って、ディフェンスに近づく。
ショルダーフェイク→P116

2 ショルダーフェイクによって、ディフェンスはドライブコースを読めないでいる状態。

3 左側へ重心を傾けたとき、ディフェンスも左側（オフェンスから見て）へ重心を移している。
重心

スキルアップ SKILL UP

ショルダーフェイク→レッグスルー→スピンムーブ→レイアップシュート

コンビネーションによって1on1を仕掛けるとき、重要になるのは「スムーズ」であるかどうか。もし、プレイにクセがあるとディフェンスにパターンを読まれてしまうのだ。練習のときから、各テクニックの接合部分を意識的に鍛えておくといいだろう。

全身を大きく振って、ディフェンスに近づく。

ディフェンスはコースを読めていない状態。

POINT
低姿勢ですばやく
ボールをクロスさせる動作がおそいと、ディフェンスに対応されてしまう。

POINT
ボールのリリースポイント
ディフェンスがブロックを狙っている場合。そのときは、最高到達点の前にボールをリリースして、タイミングをずらす。

4 その瞬間、クロスオーバーでボールを持つ手を変えて、右側を抜く。

5 シュートの間合いができたら、すばやくジャンプシュートへ移る。
ジャンプシュート→P52

6 顔を上げてゴールを確認し、ヒザのタメを使って真上へ跳ぶ。

7 ディフェンスの位置を把握して、自分のタイミングでリリースする。

3 レッグスルーへ移り、左側へ揺さぶる。

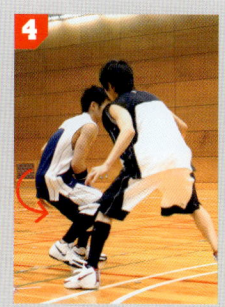

4 そのまま、低姿勢でスピンムーブへ移る。

5 ディフェンスは左側へ重心が崩れている。

6 加速して一気にディフェンスを引き離す。

7 スピードを落とさずレイアップシュートへ。

STEP BACK→FADE AWAY SHOT ｜ステップバック→フェイドアウェイシュート
間合いをつくるプレイをセレクト

TSUKAMOTO LIVE TALK

ディフェンスがタイトならドライブから後ろへ大きくステップバックして、そのままフェイドアウェイシュートを放ちましょう。

6 ディフェンスとの間合いを見ながら後ろへ跳ぶ。手首と指先でボールをリリースする。

5 すばやくシュートモーションへ。顔を上げて、ゴールとディフェンスの位置を把握する。
フェイドアウェイシュート→P54

4 スライドさせるように軸足を引く。この動作によってステップバックがコンパクトになる。

スキルアップ SKILL UP

ステップバック→シュートフェイク→ジャンプシュート

ステップバックでディフェンスとの間合いがとれなかった場合。つめてくるディフェンスをシュートフェイクでかわして、ジャンプシュートを放つのもいいだろう。

1 ディフェンスをドライブで抜きにかかる。

2 このとき、ディフェンスとの間合いを見る。

3 突き出した足を軸に、ステップバックする。

POINT
上体を起こす 常に上体が起きていると、すばやくシュートモーションへ移ることができる。

《 START!

3 このとき、どれだけ軸足（右足）をディフェンス側へ突き出したかによって間合いが変わる。

2 右足でドライブをストップさせて、そのまま右足を軸に後ろへステップする。

1 タイトなディフェンスをドライブで抜きにかかる。ディフェンスとの間合いを確認。
ステップバック→P118

4 軸足を突き出した分だけ、ディフェンスと間合いができる。

5 つめてくるディフェンスをシュートフェイクでかわす。

6 ディフェンスの体勢が崩れたら、シュートモーションへ。

7 ディフェンスの動きを把握しながら、ボールをリリース。

JAB STEP→JUMP SHOT　｜ジャブステップ→ジャンプシュート
足の運びでシュートの間合いをつくる

TSUKAMOTO LIVE TALK

あなたが「クイックネス」の持ち主ならば、ジャブステップは有効です。ディフェンスがタイトでも、ジャブステップひとつでディフェンスはドライブを警戒して後ずさるでしょう。

1 トリプル・スレットの姿勢をとる。これによってディフェンスは次の動作を予測できなくなる。
ジャブステップ → P118

2 軸足でない足をすばやく突き出す。ディフェンスにドライブを意識させることが重要となる。

3 そのまま、すばやく突き出した足を引く。ディフェンスは後ずさり、間合いが生まれている。

スキルアップ SKILL UP

ジャブステップ→ギャロップモーション→レイアップシュート

ドライブを仕掛けるときもジャブステップは使用可能。小刻みに入れると、ディフェンスはドライブのタイミングを予測できなくなる。

❶ ディフェンスと向かい合い、間合いをはかる。

❷ 何度か軽く軸足でない足を突き出す。

❸ そのまま、すばやく突き出した足を引く。

POINT

顔を上げる
コート全体を把握するため、顔を上げることは非常に重要となる。

4 顔を上げてゴールとディフェンスの位置を確認しながら、すばやくシュートモーションへ移る。
ジャンプシュート → P52

5 上体を起こし、真上へ跳ぶ。前後に跳んでしまうと、空中でのバランスが崩れやすくなる。

6 ボールをリリースする。ディフェンスにブロックされないタイミングを見極めることが重要。

4 一気に加速してドライブを開始する。

5 逆サイドへダイナミックにステップ。

6 空中ではしっかりバランスをキープする。

7 ディフェンスやゴールの位置を確認する。

8 両足で踏み切り、レイアップシュートへ。

INSIDE OUT→LEG THROUGH→LAY UP SHOT｜インサイドアウト→レッグスルー→レイアップシュート
ボールハンドリングをスムーズに

TSUKAMOTO LIVE TALK

これは高度なボールハンドリングが求められるコンビネーションですね。
ボールが手に吸いついて見えるくらいスムーズにできたら、ディフェンスはもうお手上げでしょう。

1 スピーディーなドリブルで、ディフェンスに近づく。同時にインサイドアウトを仕掛けるタイミングを判断。
インサイドアウト → P90

2 ボールを大きく内側へ押し込む。そのとき、上体とステップを連動させ、大きな動きをつくる。

3 手首をひねってボールを内側から外側へ大きく開く。ディフェンスは左側へ重心を傾けている。
レッグスルー → P86

スキルアップ SKILL UP

インサイドアウト
→レッグスルー
→ジャンプシュート

ディフェンスを抜いたら、状況を見て瞬時にシュートをセレクトしなければならない。このプレイはそのときのバリエーションのひとつとなる。

1 ドリブルでディフェンスに近づく。

2 ボールを大きく内側へ押し込む。

3 手首をひねってボールを外側へ大きく開く。

POINT

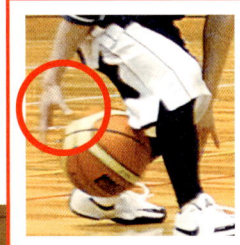

ボールの受け手が大事

ボールを受ける手がスムーズだと、すばやく次の動作へ移ることができる。

4 そのまま、両足の間にボールを通す。スピードを落とさないために低姿勢をキープ。

5 反対側の手でボールを受けたら、逆サイドへ踏み出す。
レイアップシュート → P56

6 ディフェンスを引き離し、レイアップシュートへ持ち込む。

4 そのまま、両足の間にボールを通し、反対側の手で受ける。

5 逆サイドへ踏み出して、強くワンドリブルをつく。

6 ヒザにタメをつくりながら、シュートモーションへ移る。

7 ディフェンスのブロックを警戒しながらボールリリース。

ROCKER MOTION → SCOOP SHOT ｜ロッカーモーション→スクープシュート
ディフェンスとの間合いで勝負する

TSUKAMOTO LIVE TALK

このコンビネーションは、ディフェンスとの間合いが勝負の決め手となります。つまり、ディフェンスの動きを一歩先読みして、間合いを自由自在に操ることが求められます。

1 顔を上げて、ロッカーモーションを仕掛けるタイミングをはかる。
ロッカーモーション→P114

2 右足を大きく突き出し、ディフェンスにドライブを意識させる。

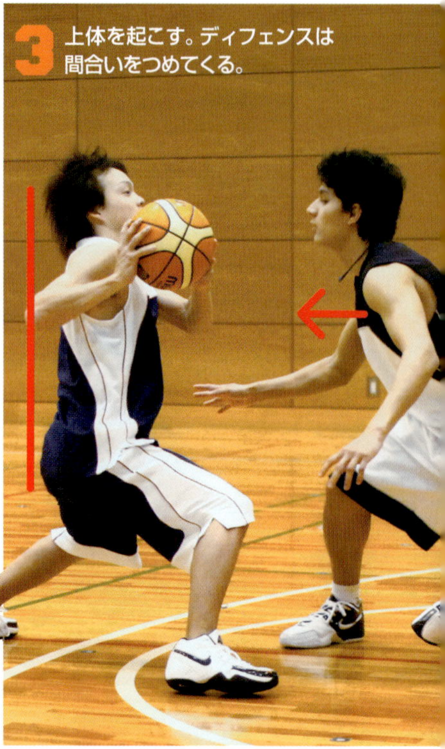

3 上体を起こす。ディフェンスは間合いをつめてくる。

スキルアップ SKILL UP

ドリブルロッカーモーション→ジャンプシュート

リバースターンの動きで、ディフェンスは逆サイドのドライブを意識して間合いをつめてくる。その瞬間、元のコースをドライブして、ディフェンスを抜き去ろう。

1 ディフェンスにドライブを仕掛ける。

2 ディフェンス側へ左足を突き出す。

3 左足を軸にリバースターンを行う。

POINT

ボールリリース
ボールをすくい上げるように放つ。最後は指先を使ってボールの軌道をコントロール。

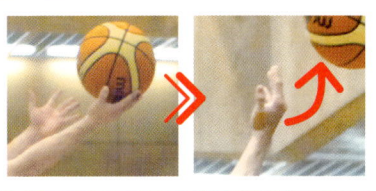

4 その瞬間、右足を蹴り出してディフェンスを抜く。

5 顔を上げながら、両足で踏み切ってシュートモーションへ入る。
スクープシュート→P64

6 真上へ跳ぶと見せかけて体を前へ流しながら跳び、ボールをリリース。

4 ディフェンスは逆サイドへ間合いをつめる。	**5** その瞬間、右足を踏み出して元の状態へ。	**6** 一気に加速して、ディフェンスを抜く。	**7** すばやくシュートモーションへ移る。	**8** ブロックのタイミングを外してリリース。

SKIP STEP→BEHIND THE BACK→FLOATER SHOT | スキップステップ→ビハインドザバック→フローターシュート
緩急の差でディフェンスを抜く

TSUKAMOTO LIVE TALK

チェンジオブペースでディフェンスを抜き、インサイドでは長身プレイヤーのブロックを見越したシュートを放つ。これは体格の壁を超越したコンビネーションといえるでしょう。

1 高いドリブルをつきながら、リズミカルにゆっくりとスキップする。
スキップステップ→P96

2 一気に加速して、ディフェンスに左側へドライブすると見せかける。

3 のばした腕でボールを背中から逆サイドへ移動させる。
ビハインドザバック→P92

スキルアップ SKILL UP

スキップステップ
→クロスオーバー
→ジャンプシュート

チェンジオブペースで充分な間合いができたら、迷わずジャンプシュートへ。その判断の早さで、プレイの成功率は劇的に変化する。

1 高いドリブルをついてスキップする。

2 一定のリズムでディフェンスに近づく。

3 ディフェンスの動きをしっかり観察する。

POINT
クセをつくらない
コンビネーションにクセがあると、ディフェンスに読まれるので注意。

POINT
高いアーチを描く
ボールの軌道を高くすることで、ディフェンスのブロックを回避する。

4 スピードキープのため、ボールを体の斜め前にバウンドさせる。

5 ブロックの位置を考えて早めに踏み切り、上方向に跳ぶ。前へ跳ぶと、ブロックされやすくなる。

フローターシュート→P59

6 ボールを真上へ放る。最後は指先でしっかりボールコントロールすることが重要。

4 一気に加速して、左側へドライブを仕掛ける体勢をとる。

5 クロスオーバーで、ボールの持ち手を右側へ移動する。

6 ディフェンスの位置を確認して、シュートモーションへ。

7 ディフェンスのブロックに注意しながら、ボールをリリース。

V CUT→SHOT FAKE→JUMP SHOT ｜ Vカット→シュートフェイク→ジャンプシュート
タイトなディフェンスを振り切る

TSUKAMOTO LIVE TALK

ボールを持たないときの動きを地味だと思うかもしれませんが、理想的なポジションでボールをもらうことは得点量産の近道です。また、優れたプレイヤーほど、この動きを大事にしているのも事実です。

7 真上に跳んで、ディフェンスの位置を確認しながらボールリリース。

6 ディフェンスがブロックに跳んだら、ジャンプシュートを放つ。
ジャンプシュート→P52

5 追ってきたディフェンスはシュートフェイクでブロックに跳ばせる。

4 ボールミートしたら、すばやくターンしてシュートモーションへ。
ショートフェイク→P112

スキルアップ SKILL UP

Vカット→シュートフェイク→ステップインシュート

ディフェンスが間合いをつめてきたとき、ドライブを仕掛けるのもいいだろう。ディフェンスは急な方向転換に対応できず、マークのタイミングをつかめないはずだ。

1 インサイドへ向かうと見せかける。

2 瞬間的にアウトサイドへ駆け抜ける。

3 ターゲットハンドをしてボールミート。

POINT

シュートリズム
（写真3〜7）

シュートフェイクをすると、本来のシュートリズムが乱れてしまう。練習のときから、このコンビネーションに慣れておくように。

3 スピードをキープして、ターゲットハンドでパサーにボールのほしい位置を伝える。

2 ディフェンスを押し込んだ反動を利用して、一気にアウトサイドへ駆け抜ける。

1 重心をインサイドへ傾けて、ディフェンスの足を止める。
Vカット→P124

START!

4 ターンしてシュートフェイクをかける。

5 ディフェンスとの間合いを見てドライブへ。

6 両足でストップして、シュートフェイクする。

7 ステップインでディフェンスを引き離す。

8 すばやくシュートモーションへ移る。

I CUT → DOUBLE CLUTCH | Iカット→ダブルクラッチ
ゴール下にフリースペースをつくる

TSUKAMOTO LIVE TALK

自らが切れ込むスペースを、自らがつくるIカット。ディフェンスをウイングまで誘い出して、ゴール下へ駆け出せば、理想的なポジションでボールミートすることができます。

1. ウイングへ移動して、ボールミートすると見せかける。
Iカット→P126

2. ディフェンスがパスコースをふさごうとしてきた瞬間を狙って、ゴール下へ駆け出す。

3. 一気にディフェンスを引き離し、ターゲットハンドでボールのほしい位置をパサーに伝える。

スキルアップ SKILL UP

Iカット→ギャロップモーション→レイアップシュート

Iカットでボールミートしたとき、カバーのディフェンスがいる場合もある。そのときは巧みなステップでディフェンスをかわし、コースを切り開くのもいいだろう。

1. マークがついたまま、ウイングへ移動。

2. 一気に加速して、ゴール下へ駆け出す。

3. ディフェンスを引き離してボールミート。

POINT

ゴール手前へ跳ぶ

レイアップシュートのようにゴール手前へ跳ぶ。そうすると、ディフェンスがブロックに跳ぶコースを限定することができる。

4 ボールをミートしたら、すばやくシュートモーションへ。そのとき、必ず顔を上げる。
ダブルクラッチ→P60

5 強く踏み切って跳ぶ。上へ高く跳ぶことで、空中でのバランスがとりやすくなる。

6 ボールをシュートする手に持ち替える。手首と指先でボールコントロールしながらリリース。

4 状況を把握しながらドリブルする。

5 強く踏み切ってディフェンスをかわす。

6 空中ではしっかりバランスをキープする。

7 すばやくシュートモーションへ移る。

8 ゴールから目を離さずボールリリース。

FRONT TURN→SHOT FAKE→JUMP SHOT | フロントターン→シュートフェイク→ジャンプシュート
インサイドのベーシックなプレイ

TSUKAMOTO LIVE TALK

インサイドで1on1を仕掛けるとき、フロントターンからのコンビネーションは最もベーシックなプレイです。大きなターンでシュートを打つ間合いがとれれば成功といえます。

1 ポストアップしてボールをミートする。このとき、ディフェンスに押し出されないように。
フロントターン→P66

2 右足を軸に左足を大きく踏み出す。ここでディフェンスとの間合いをできるだけとる。

3 ゴール正面を向くまでターンしたら、コンパクトにシュートフェイクを入れる。
シュートフェイク→P112

スキルアップ SKILL UP

**フロントターン
→シュートフェイク
→ファウルをさそうシュート**

成功ならカウントワンスロー、失敗でもフリースローを2本打つことができる。ゴールへの執着心を何より大事にしたコンビネーションだ。

ポストアップしてボールをミートする。

右足を軸にして、左足を踏み出す。

低い姿勢で、ドリブルを開始する。

POINT

低い姿勢でステップ

低い姿勢をとると、シュートモーションへスムーズに移ることができる。

4 ディフェンスの重心が崩れた瞬間、ワンドリブルをついてかわす。

5 ゴールやディフェンスの位置を確認しながらシュートモーションへ。
ジャンプシュート→P52

6 真上に跳ぶ。体が流れるとボールコントロールが乱れてしまう。

7 ディフェンスのブロックのタイミングを外して、ボールリリース。

4 ヒザにタメを残したまま、シュートフェイクを入れる。

5 跳んでいるディフェンスに接触しながらシュートを狙う。

6 体勢を崩さないボディバランスがポイントとなる。

7 最後までゴールから目を離さず、ボールをリリースする。

REVERSE TURN→SHOT FAKE→FADE AWAY SHOT｜リバースターン→シュートフェイク→フェイドアウェイシュート

インサイドでシュートスペースを確保

TSUKAMOTO LIVE TALK

リバースターンは、シュートを打つ間合いをつくるのに有効です。
そして、その間合いをつめようとするディフェンスの裏をかくかが、このコンビネーションの鍵となります。

1 ポストアップしてボールミートする。そのとき、ゴールやディフェンスの位置も確認する。
リバースターン→P68

2 右足を軸にして左足をすばやく引く。すばやく動くほど、間合いをつくることができる。

3 すばやくシュートフェイクする。目線をゴールへ向けるだけでも、フェイクの効果は倍増する。
シュートフェイク→P112

POINT

ディフェンスとの間合いをより広くする

リバースターンはシュートを打つ間合いをつくるのに有効だが、ポストアップを工夫すればさらに効果的である。ディフェンスに対して体を縦向きにしてポストアップする。そうするとリバースターンするとき、足幅の分だけ間合いをとることができる。

ディフェンスの両足の間に、片足を深く差し込むイメージ。

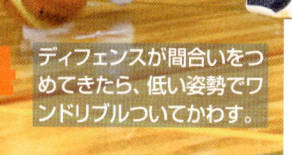

1st Period 1on1! 1on1を極める

4 ディフェンスが間合いをつめてきたら、低い姿勢でワンドリブルついてかわす。

5 シュートフェイク。ヒザにタメをつくり、ゴールやディフェンスの位置を把握する。
フェイドアウェイシュート→P54

6 強く踏み切って後ろへ跳ぶ。ディフェンスのブロックを意識しながらボールリリースする。

POINT

跳んでいるときのバランスのとり方

フェイドアウェイシュートはディフェンスにブロックされないために、後ろへ跳ぶジャンプシュート。しっかりとボールコントロールするためにも、空中でのボディバランスは一番の課題となる。ポイントは後背筋(こうはいきん)と足を使って体勢を安定させること。練習のときからこのポイントを意識して、感覚を身につけておくといいだろう。

背中を反らせて片足を傾けることで、ボディバランスをとるイメージ。

DROP STEP→HOOK SHOT｜ドロップステップ→フックシュート
切り返しでディフェンスをかわす

TSUKAMOTO LIVE TALK

インサイドでフィジカルが強烈な武器になるのはまぎれもない事実。しかし、このコンビネーションならば、フィジカルに自信がなくても得点するチャンスを生み出してくれます。

1 フリースローレーンあたりでボールミート。ディフェンスを押し込むようにドリブルを開始。
ドロップステップ → P120

2 ボールを奪われないために、左腕で保護する。また、状況を把握するために顔を上げる。

3 ドリブルの進行方向とは逆サイドへステップ。すばやく行わないと、ディフェンスに対応されるので注意。

スキルアップ SKILL UP

ドロップステップ→フェイク→ジャンプシュート

ドロップステップはフェイクとしても効果的。大きなステップでディフェンスの重心を崩し、シュートを打つ間合いをつくるのだ。こうなればディフェンスはもうついて来れない。

ポストアップして、ボールをミートする。

ディフェンスを押し込むようにドリブルする。

進行方向とは逆サイドへステップ開始。

POINT

引く足は真後ろへ
足を真後ろへ引くと動きをコンパクトにすることができる。そうすると、ディフェンスは対応しにくくなる。

4 ステップするときポイントになるのは、左足を軸にして右足を真後ろへ大きく引くこと。

5 そのままシュートモーションへ移る。顔を上げてゴールとディフェンスの位置を確認。

フックシュート → P62

6 強く踏み切って上方向へ跳ぶ。体の真横から大きく腕を振り上げるようにシュートを打つ。

4	5	6	7	8

足を真後ろへ引き、体を切り返す。	ディフェンスが反応したら、元の状態へ。	すばやくシュートモーションへ移る。	強く踏み切り、ゴールに対して後ろへ跳ぶ。	手首と指先を上手に使ってボールリリース。

1 on 1! 1 on 1を極める

POWER DRIBBLE→PUMP FAKE→FINGER ROLL ｜ パワードリブル→ポンプフェイク→フィンガーロール
パワープレイでコースを切り開く

TSUKAMOTO LIVE TALK

インサイドで1on1を仕掛けるとき、接触プレイは避けられません。
むしろ、自分からぶつかるくらいの気迫が、このコンビネーションでは必要になります。

1 ポストアップしてボールをミートする。低い姿勢でゴール下へのドリブルを開始する。

2 両手で強いドリブルをついて、ディフェンスを押し込む。このとき、ゴールの位置を把握しておく。

3 ゴール下まで近づいたら、体勢を入れ替える。そのまますばやくシュートモーションへ移る。

POINT

ヒザはタメを残し上体をのばす

ポンプフェイクは上体の動きでシュートと見せかけて、ディフェンスの体勢を崩すテクニック。ここでポイントとなるのが、ヒザのタメである。タメをつくっておくと、ジャンプシュートやステップインなど、次の動作に移りやすくなる。

ヒザにタメがあると、次の動作へスムーズに移ることができる。

ポンプフェイクは、上体の大きな動きのみで行う。

4 ボールを持ち上げて、シュートと見せかける。ディフェンスはブロックするために、上体を起こすだろう。

5 ディフェンスが反応した瞬間、すばやくステップインする。ボールは胸の位置でキープする。

6 そのまま上へ高く跳び、フィンガーロールする。最後までゴールから目を離さないこと。

1on1! 1on1を極める

POINT

フィンガーロールで ゴールにボールを置く

フィンガーロールはセンターやパワーフォワードなど、インサイドを主戦場とするプレイヤーがよく使うシュートである。ゴールにボールを置くように、指先でボールに軽いバックスピンをかけてリリースするといいだろう。

SPIN TURN → FADE AWAY SHOT｜スピンターン→フェイドアウェイシュート
ワンアクションでディフェンスを抜く

TSUKAMOTO LIVE TALK

スピンターンとは、片足を軸に高速スピンしてディフェンスを抜くテクニック。インサイド、特にローポストからの1on1で有効なので、必ずマスターするようにしましょう。

1 フリースローレーンあたりでポストアップして、ボールをミートする。そのとき、状況を把握しておく。

2 左足を軸にしてターン開始。ディフェンスよりも肩の位置を低くすると、すばやくターンできる。

3 背中でディフェンスをブロックしながらターンする。すると、ディフェンスは次の動作へ移りにくくなる。

スキルアップ SKILL UP

スピンターン →ダブルクラッチ

スピンターンを仕掛けた後、ディフェンスが後ろからブロックを狙ってくることも考えられる。そのときは、空中でディフェンスをかわすダブルクラッチで対処。

1 ポストアップして、ボールをミートする。

2 背中でディフェンスをブロックしながらターン。

3 このとき、肩の位置を低くすること。

4 シュートモーションへ。顔を上げて、ゴールやディフェンスの位置を確認。

フェイドアウェイシュート→P54

5 強く踏み切って、真上ではなく後ろへ跳ぶ。ジャンプ中は足と背中を使ってボディバランスをとる。

6 ディフェンスとの間合いを確認しながら、ボールをリリース。そのとき、手首と指先を上手に使う。

4 スピーディーなドリブルでステップする。

5 ブロックの位置を予測しながら、強く踏み切る。

6 空中では両足と背中でバランスをとるイメージで。

7 ボールを引いて、バックシュートのモーションへ。

8 手首と指先を上手に使い、ボールをリリースする。

TRAINING GUIDE | 1on1!
ウォーミングアップで体をほぐす

ウォーミングアップをすることで、動作がスムーズになり、関節の可動領域が拡大する。そして、ケガを防げるといった効果が得られる。しかし、ストレッチはきちんとした手順で行わなければ逆効果なので注意が必要。

ウォーミングアップの手順

ノーマルランニング
⬇
静的ストレッチ
⬇
動的ストレッチ
⬇
クーリングダウン

ウォーミングアップには決められた手順がある。ランニングで体を温め、静的ストレッチで全身の筋肉、靭帯、関節をやわらかくほぐす。その後、スムーズな動作が行えるように動的ストレッチへと移る。試合後はクーリングダウンで疲れを残さないようにする。

ウォーミングアップの心得

- リラックスできる場所で行う
- ランニングなどの軽いウォーミングアップを行う
- 痛みのあるストレッチは行わない
- 片側でストレッチを行ったら、必ず反対側も行う

TRAINING 01 | 静的ストレッチ

試合前にコンディションを整える

試合は誰でも緊張する。緊張すると筋肉までかたくなり、スムーズな動きができなくなる。ロッカールームなどで行えるストレッチでしっかりと筋肉をほぐし、試合開始後すぐに動ける体を準備する。

肩から腕、背中へかけて筋肉をのばす

のばす方の腕を頭上から後ろに回す。反対の手でヒジをつかんで、斜め下の方へのばして腕を引っ張る。

POINT
肩が上がらないように力を抜いて行う。

のばす方の腕を体の内側へ倒す。反対の手でのばす方の腕を支えるようにクロスして、体の方へ引きつける。

肩甲骨まわりをのばす

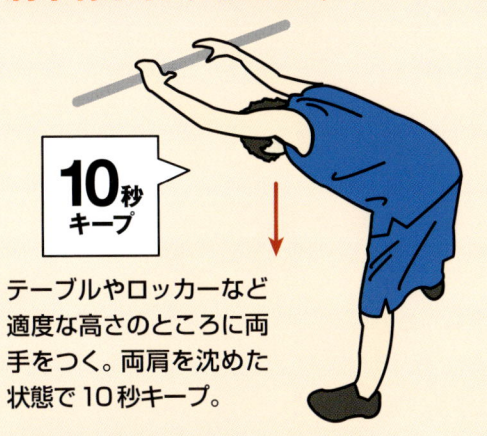

10秒キープ

テーブルやロッカーなど適度な高さのところに両手をつく。両肩を沈めた状態で10秒キープ。

手首をほぐす

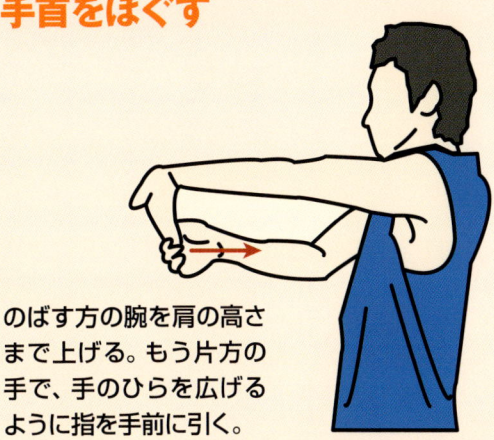

のばす方の腕を肩の高さまで上げる。もう片方の手で、手のひらを広げるように指を手前に引く。

腰まわりの筋肉をほぐす

POINT
顔は後ろの方を見るようにする。上体をひねることで、腰の筋肉をのばすことができる。

片方の足をのばし、もう片方の足はヒザを曲げて足を組む。ヒジでヒザを押しながら、押す方向とは逆に体をひねる。

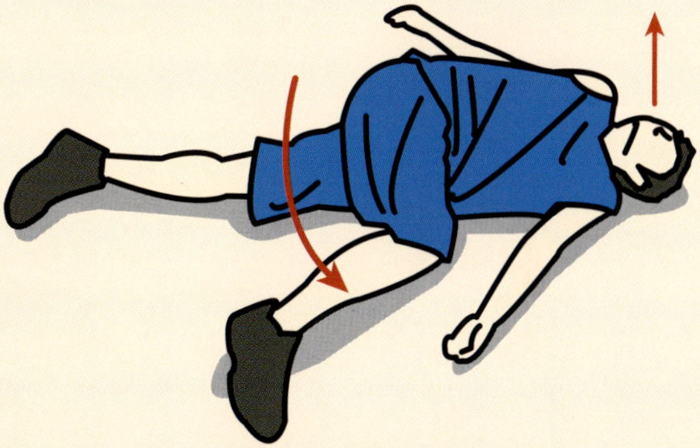

両肩が床から離れないように注意しながら、片足のヒザを曲げて倒し、ヒザを床に近づける。顔は足を倒した方向とは逆へ向ける。

太ももの筋肉をのばす

POINT
上体を倒すときはアゴを軽く引き、胸を足に近づけるように。

のばした足へ上体を近づけ、つま先は引く。ヒザは手でおさえる。もう片足はヒザを曲げる。

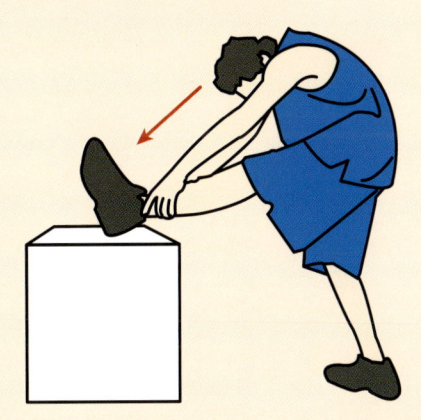

イスや台に片足をのせ、ヒザをのばして上体を前に倒す。このとき、上体をひねらないようにする。

TRAINING 02 　動的ストレッチ

関節の可動領域をのばす

静的ストレッチが筋をゆっくりのばすのに対し、動的ストレッチは反動や弾みをつけて行う。動きながら行う柔軟体操のようなもので、関節の可動領域を拡大し、動作をスムーズにする効果がある。

アームスイング

1. 腕をのばし、肩関節を中心にして体の前で大きく回す。
2. 内回し、外回しを10回程度繰り返す。ゆっくりとリズミカルに行うように。

応用編
応用編として、ヒジを曲げて手を肩につけ、ヒジを上下に動かすストレッチも一緒に行うとよい。

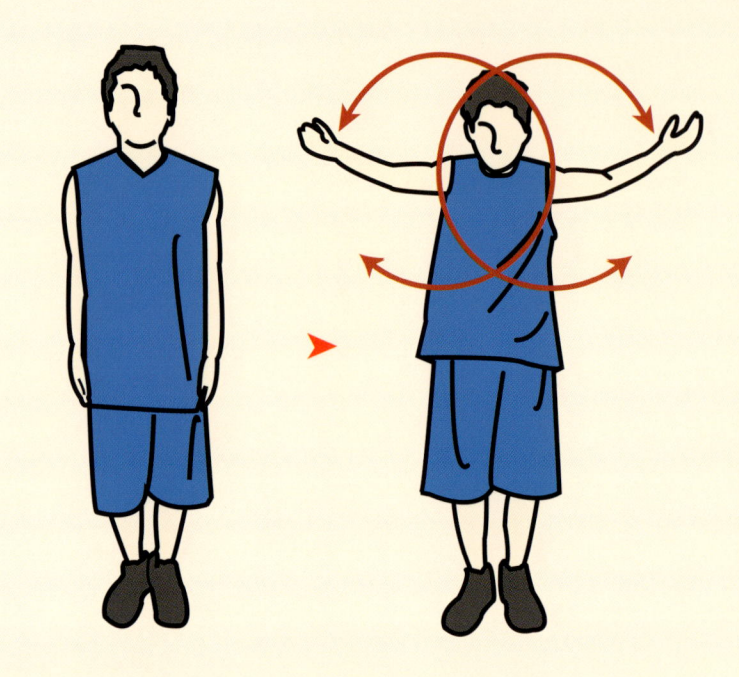

ウォーキングランジ

1. 足を肩幅に開いて立つ。片足を大きく前方へ踏み出す。
2. 踏み出した足の方向に上体をひねる。10mほどの距離を左右交互に続ける。

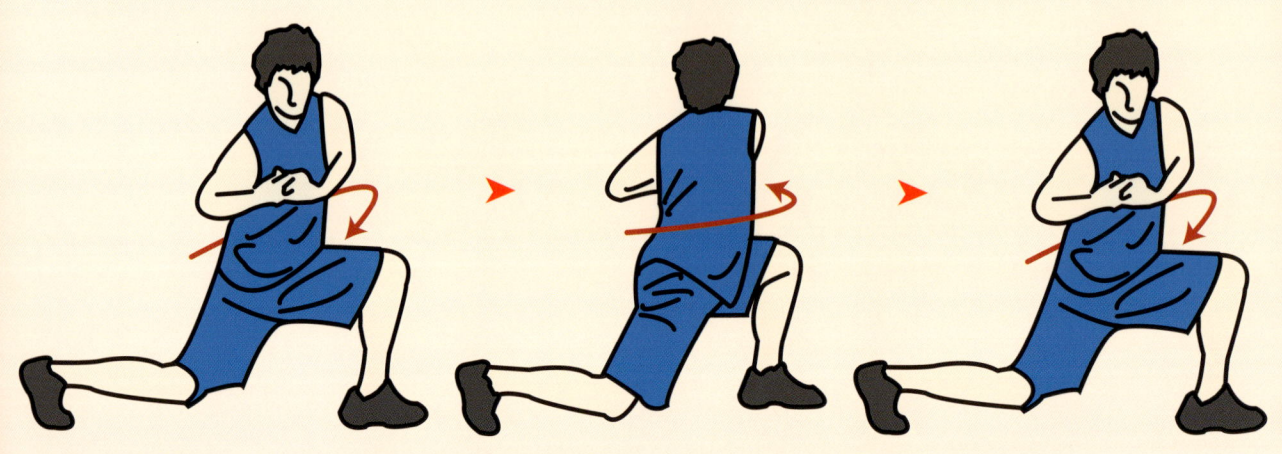

ヒップローテーションウォーク

1. 上体を起こし、ヒザを曲げてゆっくりと大きく外から内に股関節を回す。
2. 10mほどの距離を目安にして、左右交互に続けて歩く。

POINT
ヒザを曲げるとき、両手を使ってバランスをとるようにする。

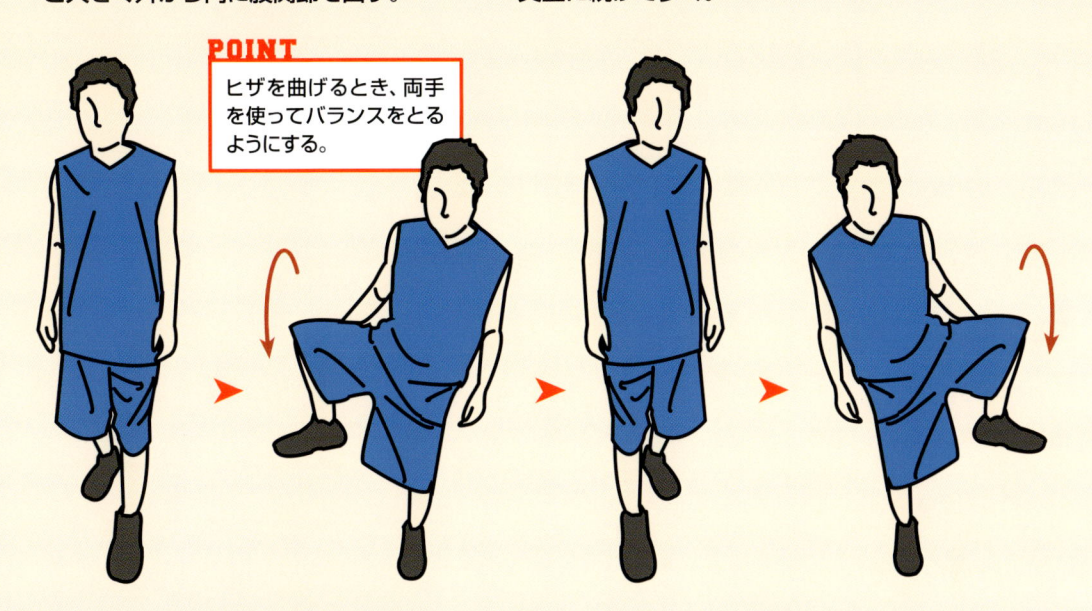

ニッツーチェストバランス

1. 歩きながら片方のヒザを胸に引きつけ、バランスをとりながらストップする。
2. 3歩ステップしたら1を行い、10mほどの距離を左右交互に行う。

POINT
片足で立ったとき、しっかりとバランスをとることが重要。フラフラしないように気をつける。

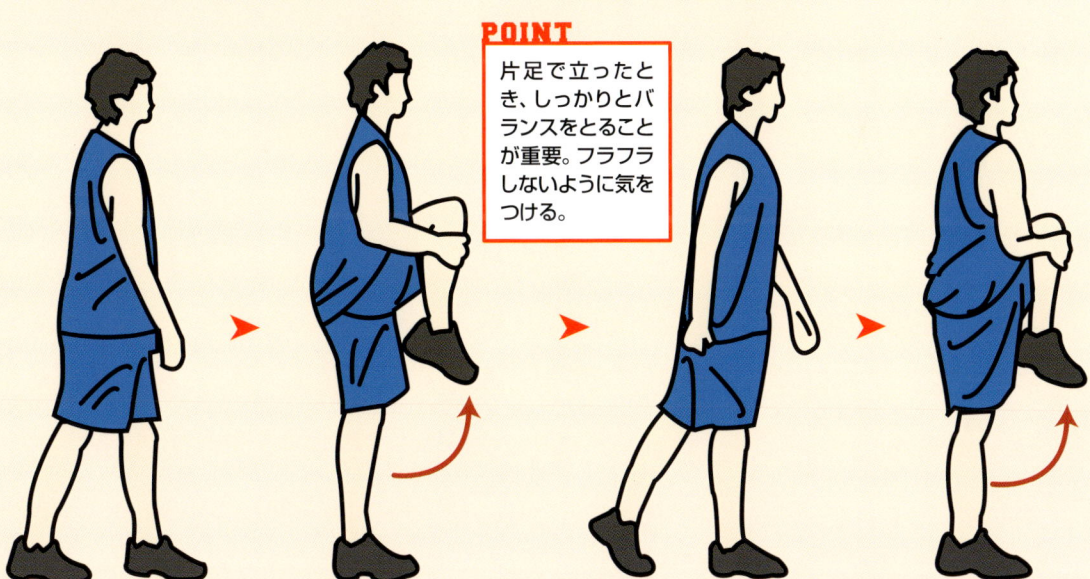

TRAINING 03　クーリングダウン

試合の疲れを残さない

試合後は翌日に疲れを残さないために、クーリングダウンする。クーリングダウンのストレッチは次の活動のために疲労をとり除き、体をよりよい状態に保つ。

POINT

クーリングダウンの前に
- ストレッチはゆるく、長めに行う
- 痛みがあるものはやらない

試合後は筋肉が疲労しているので、無理なストレッチは避ける。反動や弾みをつけず、ゆっくりと筋肉をのばすことが大事。

血流を下げて足の疲れをとる

横になり、壁にそわせて足を上げる。血流が下がって、足の疲れがとれる。

5分キープ

全身をゆっくりほぐす

1. 両足を肩幅に開いて立ち、両手を上げる。
2. 両手をまっすぐ上げ、全身をのばした状態で5秒キープ。　5秒キープ 
3. 両手を下ろし、全身の力を抜く。 
4. 両足を肩幅に開いて立つ。再び両手を上げる。 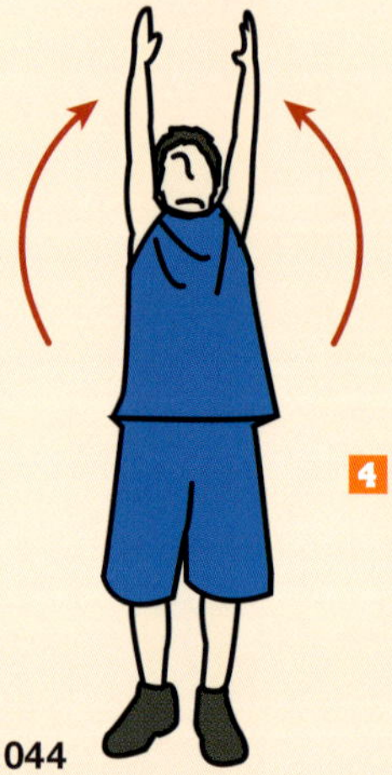
5. 頭の上で両手のひらを合わせる。 
6. その状態のまま、上体を左右に傾ける。

上半身をほぐす

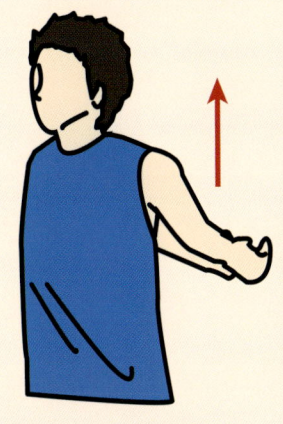

〈胸・肩・腕〉
体の後ろで手を組み、引っ張って胸を開く。痛みがなければ組んだ腕を上げていく。

〈手首〉
胸の前で手首を上下に曲げる。上下に曲げることで手首の関節の動きがよくなる。

下半身をほぐす

5秒キープ

〈ふくらはぎ〉
片足を台にのせ、前傾姿勢をとる。このとき、後ろ足のかかとは床につけたままで5秒キープ。

POINT
足首を手前に曲げることで、ストレッチの効果が高まる。

〈もも裏〉
仰向けに寝て、ヒザをのばしたまま足を上げる。上体は床に着けたまま、足を手で引き、胸に近づける。

〈太もも〉
片足を横にのばし、腰を落とす。のばした足のつま先は上に向ける。

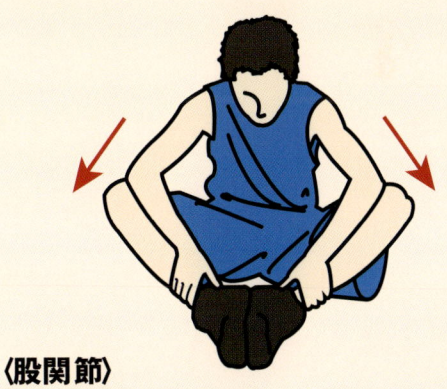

〈股関節〉
両ヒザを曲げて足裏を合わせ、上体を前に倒す。ヒジで両足を押してもよい。

COLUMN 1 シューズの構造

基本構造を知る

バスケットボールシューズの種類は豊富で、メーカーやモデルによってその構造が異なる。ここでは、日本で開発されたシューズのうち、軽量でグリップ性に優れているシューズを例にあげて紹介する。

通気孔
日本は湿度が高く、練習時間も長い。蒸し暑い気候に合わせて足の甲、ヒール部分などに多数通気孔がある。

カット
このシューズはミドルカットだが、くるぶしの骨に合わせてカットされ、動きやすくなっている。

つま先
急激なストップは足にかかる負担が大きい。耐久性と、しっかり止まれるように補強材で守られている。

ソール
ソール内部には、衝撃吸収材が入っている。この衝撃吸収材にはいくつかの種類があり、シューズの重さにも関係している。

ヒール
着地したときの衝撃で足がブレてしまわないように、ヒールカウンターでかかとをサポートする。

衝撃吸収材の種類

クッション性に優れているもの
衝撃吸収材には様々な種類があり、空気やジェル、ゴムなどが使用されている。それらはクッション性に優れているか、反発性に優れているかで大きく2つに分けられる。クッション性に優れているものは衝撃吸収力は高いが、その分厚くなるためにシューズも重くなる。

反発性に優れているもの
反発性に優れた衝撃吸収材は、薄くて軽量なのが特徴。薄くなればなるほどクッション性は低くなるが、すばやく反発するものは地面との接地感が高くなる。衝撃吸収材が軽量になれば、その分シューズも軽くなるためスピード重視のプレイヤーに好まれる。

ソールの裏側

ソールの裏側の模様を見ると、シューズによって様々なパターンがあることがわかる。日本で開発されるシューズは、グリップ性を重視しているものが多い。ここでとり上げたシューズのソールは、2種類のパターンを採用している。内側に採用されている波模様は、縦のグリップ力をアップさせ、外側に採用されている丸い模様は、動き出しをよくする。コート上でのすばやいプレイヤーの動きをサポートするソールになっているのだ。

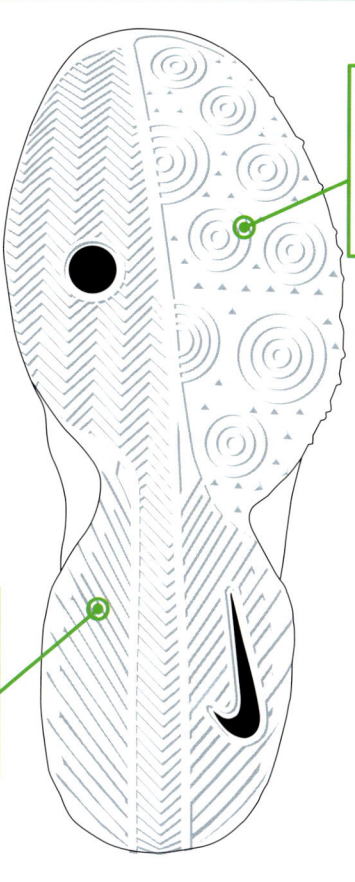

動き出しをすばやく
ソールの外側に丸い模様を使用することで、動き出しがすばやく行えるようになる。横の動きをサポートする。

グリップ力を高める
ソールの内側に波模様を使用することで、縦のグリップ力がアップ。しっかりと止まることができる。

プレイスタイルがシューズの違い?

アメリカで開発されたシューズと日本で開発されたシューズとでは大きな違いがある。そのひとつがグリップ性だ。

日本人は小柄で、コートを走り回るプレイが多いため、軽量でグリップ性のあるものが好まれる。一方、アメリカ人は足首が強く、筋力もあるためグリップ性が弱くてもしっかり止まることができる。そして、上下に動くプレイが多く、着地の負担も大きくなるので、より衝撃を吸収するものが好まれている。

アメリカ人のプレイスタイル
・上下の動きが多い
・着地の負担が大きい

日本人のプレイスタイル
・コートを走り回るプレイが多い

2nd Period SHOOT!

シュートを極める

バスケットボールはハビットスポーツだとよくいわれる。それはつまり、試合でシュートを決めるには、日頃の練習でどれだけシュートを打つかが大事になる。意識してほしいのは、イマジネーション。試合の展開やディフェンスを思い描きながら練習し、シュートの精度、バリエーションを増やしてほしい。

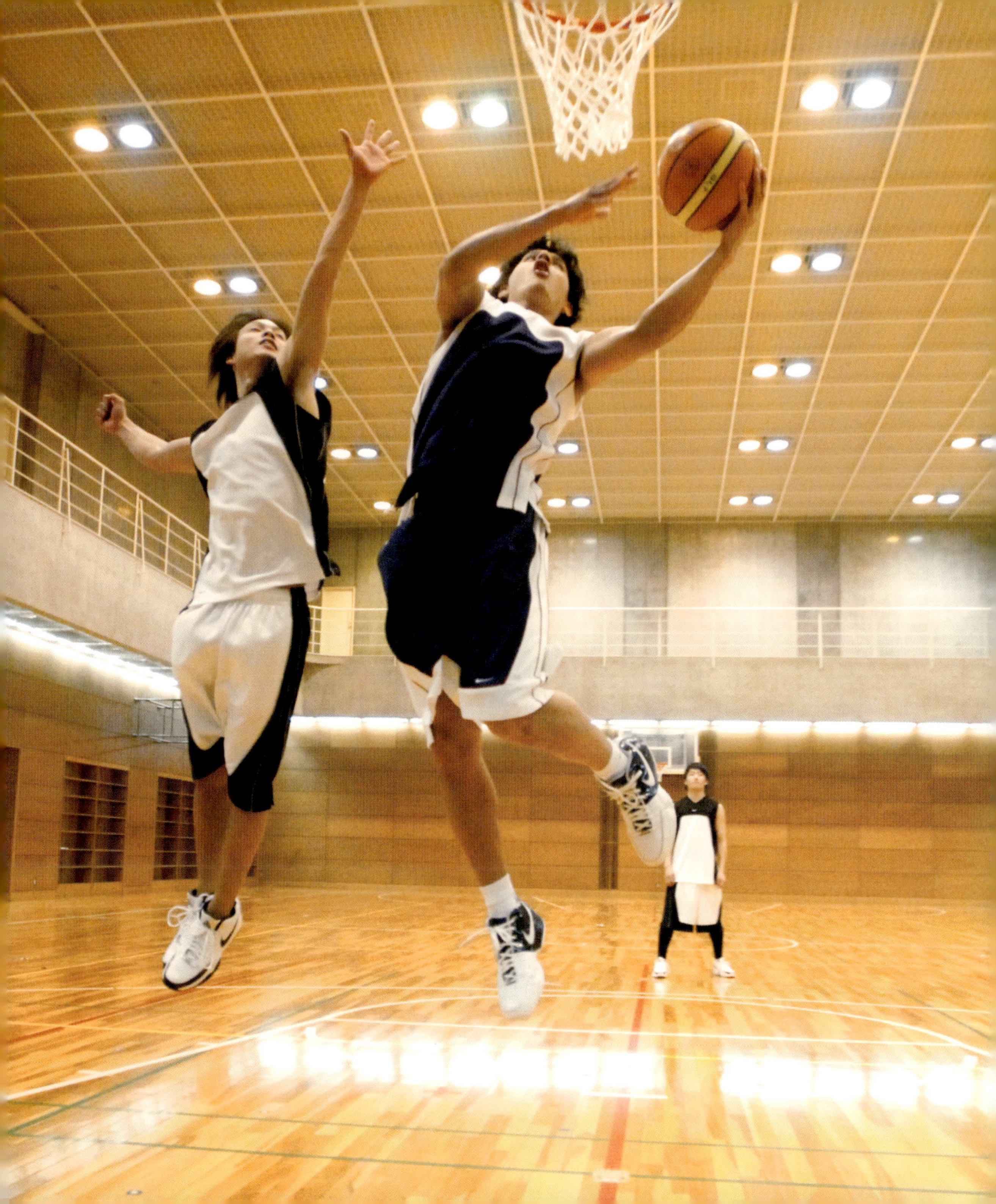

LONG DISTANCE SHOT ｜ミドルシュート
ボールをまっすぐに飛ばす

TSUKAMOTO LIVE TALK

理想のシュートフォームとは？ それはあなたが自然に、そして正確に打つことのできるフォームです。見つけるには何本も何本もシュートを打ち続けるしかありません。

フォームチェック
FORM CHECK

手のひら
床と平行に。スナップできる幅が広がり、よりスピンがかかる。

ヒジ
まっすぐゴールに向ける。外に開くとボールはまっすぐ飛ばなくなる。

肩
力まず、両肩が水平になるように。肩幅は足幅と同じになるように。

上体
起こした状態をキープして、体の軸をつくる。シュート安定につながる。

ヒザ
軽くタメをつくる。太ももの外側に軽い刺激があるくらいがGOOD。

両足
極端に前後させない。両足の先はゴールに向けること。

シュートの流れ

正面

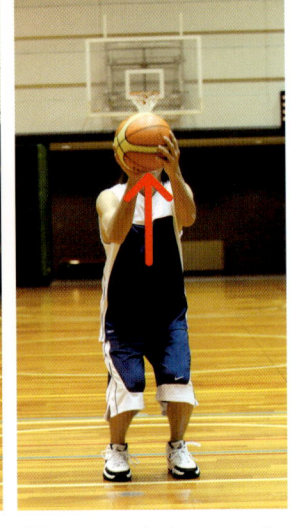

1 ヒザに軽くタメをつくり、上体は起こして体の軸をつくる。

2 ボールを上げる。スムーズにボールを移動させるために、胸や顔の近くを通す。

横

2nd Period

SHOOT! シュートを極める

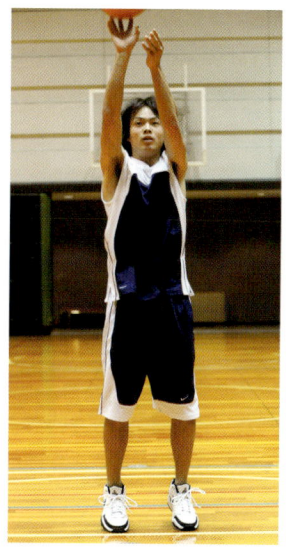

3 セットする。ヒジをゴールへ向けると、シュートコントロールがしやすい。

4 リリースモーション。ヒザのタメの力を真上へ移動させるイメージ。

5 リリース。スナップでバックスピンをかけると、ボールの軌道が安定する。

6 フォロースルー。ボールのアーチが高いほど、シュート成功率がアップ。

051

JUMP SHOT｜ジャンプシュート
真上へジャンプしてバランスをとる

TSUKAMOTO LIVE TALK

「最初から打とうと思っていた」と「スペースができたから打った」。この場合、成功率は前者が高いでしょう。これは打つ勇気の差なのです。

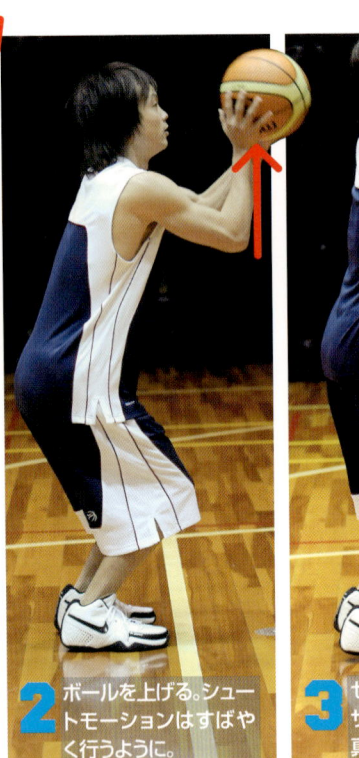

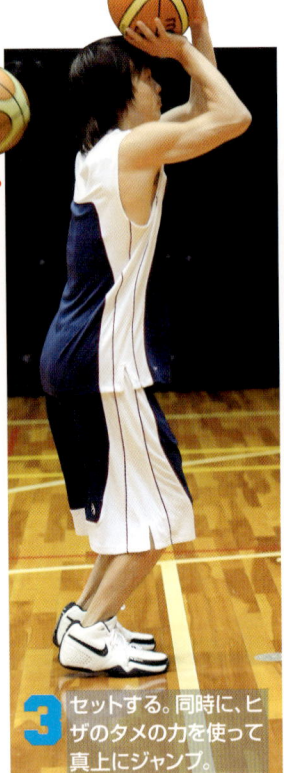

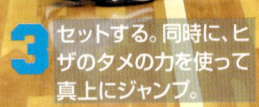

1 ヒザはタメをつくり、上体は起こす。顔を上げて、ゴールを確認。

2 ボールを上げる。シュートモーションはすばやく行うように。

3 セットする。同時に、ヒザのタメの力を使って真上にジャンプ。

4 全身が一直線になるように。体がブレるとシュートが乱れてしまう。

POINT

バンクショットでシュート成功率UP

バンクショットは、45度付近からバックボードにボールをあてて得点を狙う。距離感がつかみやすく、シュート成功率を上げることができる。ポイントはボードの内側に四角の枠があるが、その手前側の角を狙うこと。

シュートアーチが低くても、バックボードを狙えば問題なし。

5 最高到達点でリリース。この地点が高いほど、ブロックされにくくなる。

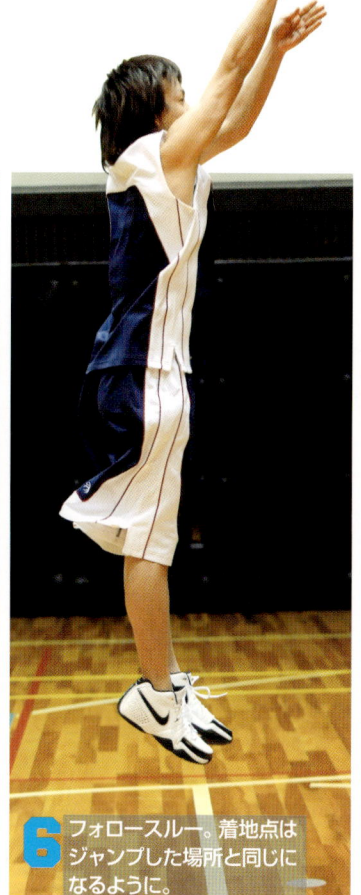

6 フォロースルー。着地点はジャンプした場所と同じになるように。

7 シュートモーションの流れは自然に行えることが重要。ボールを持ちすぎないように。

POINT

スナップをきかせてバックスピンをかける

ボールにきれいなバックスピンをかけると、ゴールまでの軌道が安定する。また、バックスピンでボールを浮かせる方向に力が働き、飛距離がのびる。スピンがかかってないと、野球のフォークボールのように軌道が不安定に。

最後までボールに触れるのは、中指と人さし指。ボールコントロールの決め手になるのはこの部分。

FADE AWAY SHOT｜フェイドアウェイシュート
後ろへ跳んでブロックを回避

TSUKAMOTO LIVE TALK

「後ろへ跳ぶ」＝「距離感が変わる」。このシュートは空間認識の力を高めなければなりません。そして、どんな角度へ跳んでもシュートを沈められるようになればもう恐いものなしです。

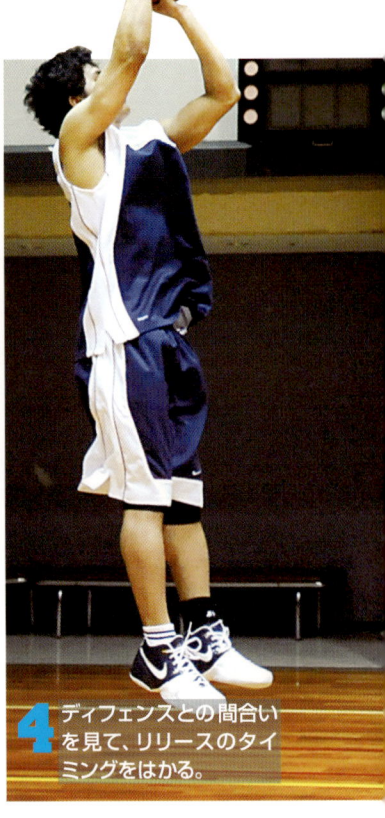

1 ヒザにタメをつくる。このときからゴールの位置を把握しておく。

2 セットする。動きが遅いとディフェンスに間合いをつめられる。

3 ジャンプシュートの応用で、真上ではなく後ろへ跳ぶ。

4 ディフェンスとの間合いを見て、リリースのタイミングをはかる。

スキルアップ SKILL UP

ドリブルロッカーモーション →フェイドアウェイシュート

緩急のついたドリブルロッカーモーションを仕掛ける。一度、ディフェンスの足を止めることで間合いが生まれ、グッとフェイドアウェイシュートが打ちやすくなるはずだ。

1 スピーディーなドリブル。このときは、マークが外れていない状態。

2 ストップする。これによってディフェンスの動きを止める。

3 右足をディフェンス側へ大きく踏み込み、一歩下がらせる。

POINT

空中でのバランス
ジャンプ中は、足と背中を使ってボディバランスをとるとよい。

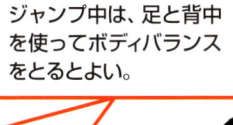

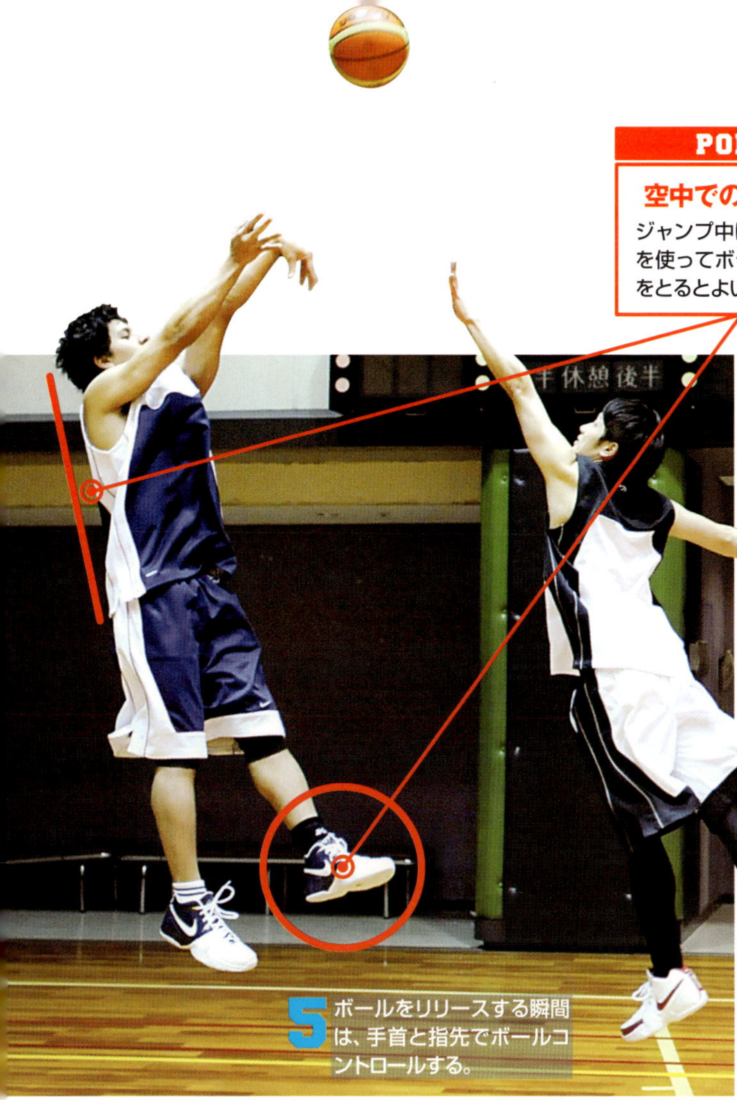

5 ボールをリリースする瞬間は、手首と指先でボールコントロールする。

6 フォロースルーでシュートモーションを安定させる。最後までゴールから目を離さない。

2nd Period　SHOOT! シュートを極める

4 リバースターンのフェイクをし、ディフェンスを引きつける。

5 ターンを止め、フロントターン。このとき、ダブルドリブルに注意。

6 シュートモーション。このときからゴールの位置を把握しておく。

7 ボールをセットする。ブロックを避けるために強く後ろへ踏み切る。

8 手首と指先を上手に使ってボールをコントロールする。

LAY UP SHOT｜レイアップシュート
真上に跳ぶイメージを持つ

TSUKAMOTO LIVE TALK

レイアップシュートはシュートの基礎中の基礎。左右の手で、どの角度からでも打てるように。上にジャンプする感覚を持てば、空中の動きにバリエーションが生まれます。

1 左足のステップ。このときからゴールの位置を確認しておく。

2 右足で踏み切る。ヒザのタメを使ってより高く、上へジャンプする。

3 空中での姿勢を安定させるために、ヒザを90度に曲げるとよい。

SHOOT! シュートを極める

2nd Period

POINT

ボールを置く感覚

ジャンプが最高点に達したら、ボールを置くようにシュートする。

4 ジャンプの最高到達点。この地点までボールをしっかりキープする。空中でもゴールから目を離さないように。

5 腕をのばし、手首と指先を軽くスナップさせてボールリリースする。力まないように注意する。

6 ゴールに対して45度の位置からのレイアップシュートは、ボードにあてると成功率アップ。

057

LAY BACK SHOT｜レイバックシュート
ブロックを予測してステップ

TSUKAMOTO LIVE TALK

レイアップシュートだと、ディフェンスにタイミングを合わされブロックされる可能性があります。そんなときはディフェンスの裏をかき、バックレイアップシュートに持ち込むのが有効です。

POINT

ボールに回転をかける

リリースのときは、手首と指先のスナップでボールにバックスピンをかける。

1 ゴールの位置を確認しながら、ゴール下あたりまで踏み込む。

2 上へ跳ぶ。体を前へ流すとチャージングファウルにつながる。

3 セットする。そのとき、腕はまっすぐのびた状態になっていること。

4 バックボードの内枠を狙い、腕と指先のスナップだけでリリース。

FLOATER SHOT ｜フローターシュート
ボールを真上へ放る

TSUKAMOTO LIVE TALK

長身プレイヤーがひしめくインサイドへ切れ込むとき、絶対的な武器になってくれます。ブロックを予測してボールを真上へ放って、そのままゴールに通すには、卓越した空間認識の能力が必要です。

POINT
フィンガーロールでバックスピンをかける

リリースする瞬間は、指先でボールを転がすように押し出す。バックスピンがかかり、ボールの軌道が安定する。

1 基本的に動作はレイアップシュートと同じ。ただ、ブロックの位置を考えて踏み切りを早めに行う。

2 跳ぶときは、前ではなく上に。前へ跳ぶほど、ブロックされやすくなってしまう。

3 ボールを真上へ放るときは、指先の感覚を研ぎ澄ましてボールコントロールする。

4 ボールの軌道は、ディフェンスのブロックを越えて真っすぐゴールへ落ちるイメージで。

DOUBLE CLUTCH | ダブルクラッチ
空中でボールを持ち替える

TSUKAMOTO LIVE TALK

ダブルクラッチは滞空時間の長さと空中でのバランスがポイント。マイケル・ジョーダンのレベルまでいくと、「Air」の名にふさわしくトリプルクラッチまで軽々とこなしていました。

1 踏み切り。ディフェンスのブロックに備え、ゴール下を目指して跳ぶ。

2 ゴール手前へシュートするとディフェンスに思わせることが大事。

3 ボールをディフェンスにブロックされない位置でキープする。

POINT

空中でのバランス

ダブルクラッチにとってボディバランスは必要不可欠。バランスをとるには、踏み切るときに上方向へ跳ぶ、空中では足を大きく広げるなどの方法がある。

4 ボールを引きディフェンスのブロックをかわしてシュートモーションへ。

5 最高到達点。ボールをシュートする手に持ち替え、バックシュートへ。

6 ゴール奥からバックシュート。手首と指先でボールコントロール。

HOOK SHOT｜フックシュート
手首と指先でボールコントロール

TSUKAMOTO LIVE TALK

インサイドでディフェンスに接近している場面。ブロックされないように、体の真横から放つのがフックシュートです。長身プレイヤーがマスターすれば、得点量産の決め手にもなりえます。

1 ゴールに対して半身に構えた状態で、ディフェンスをブロックしながらステップする。

2 顔を上げて、状況がわかるように。ステップ中、ゴールとディフェンスの位置を把握することは重要。

3 強く踏み切って上方向へ跳ぶ。このとき、右手でディフェンスをブロックする。

スキルアップ SKILL UP

フロントターン→フックシュート

フックシュートは、ディフェンスを体でブロックしながら高い打点で放つシュートである。そのため、ディフェンスの影響を受けやすいインサイドにおいて、なくてはならない強烈な武器となる。ここでは、フックシュートを放つまでの動きをよりスムーズにするため、ひとつのコンビネーションを紹介する。

1 フリースローレーンでポストアップする。

2 フロントターンして、ディフェンスと間合いをとる。

POINT

指先の感覚でリリースする

どんな体勢でも、フィンガーロールでボールをコントロールできることが重要。

SHOOT! シュートを極める

4 左手のヒジをのばした状態でセットする。このとき、手のひらでボールをしっかりキープする。

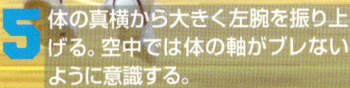

5 体の真横から大きく左腕を振り上げる。空中では体の軸がブレないように意識する。

6 最高到達点で手首と指先をスナップさせる。着地するまでフォロースルーをする。

3 右手のヒジをのばした状態でセットする。

4 体の真横から大きく右腕を振り上げる。

5 体の軸がぶれないように真上へ跳ぶ。

6 最も高い打点でボールをリリースする。

7 ゴールから目を離さずフォロースルー。

SCOOP SHOT ｜スクープシュート
体を流しながら放つ

TSUKAMOTO LIVE TALK

レイアップシュートだと、ディフェンスにブロックされてしまう。それならスクープシュートをチョイス。体を前へ流しながら跳んで、見事にディフェンスのブロックをかいくぐりましょう。

1 ゴールの位置をしっかり確認しながら、ヒザにタメをつくる。

2 シュートモーションに入る。踏み切りは両足で跳ぶイメージで。

3 真上へ跳ぶと見せかけて、体を前へ流すようにしながら跳ぶ。

スキルアップ SKILL UP

フロントターン→スクープシュート

ローポストでディフェンスとミスマッチになってしまったとき、ブロックされる可能性は非常に高い。そこでブロックを回避するためのひとつの例を紹介する。すばやいターンとブロックのタイミングを外すシュートを組み合わせたこのコンビネーションは、インサイドで必ず効果的な武器となるだろう。

1 ボールミートしたら大きく踏み出してターン。

2 背中と腕でボールをディフェンスから守る。

POINT

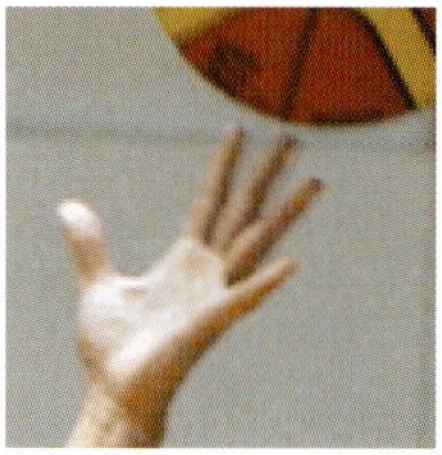

指先でボールコントロール

スクープシュートはボールの軌道が不安定になりがち。そのため、フィンガーロールが重要に。

4 ボールの軌道をコントロールしながらすくい上げるように放つ。

5 リリース。着地するまでゴールから目を離さないこと。

6 ボールの軌道をイメージしながら、フォロースルーする。

3 両足がゴール方向を向くまでターンする。

4 すばやいターンからシュートモーションへ。

5 体をゴール方向へ流しながら跳ぶ。

6 ボールをすくい上げるように放つ。

7 フィンガーロールでボールコントロールする。

2nd Period

SHOOT! シュートを極める

FRONT TURN & JUMP SHOT｜フロントターン＆ジャンプシュート
ターンでシュートスペース確保

TSUKAMOTO LIVE TALK

ポストアップしてボールミートすると、ゴールに背を向けた状態になります。そこからシュートを狙うベーシックな動きのひとつが、フロントターンです。

1 ポストアップしてボールミート。このとき、ディフェンスのプレッシャーに押し出されないように。

2 右足を軸にして、左足を大きく踏み出す。ここでディフェンスと間合いをとることが重要。

3 このとき、ゴールとディフェンスの位置を把握。すばやく次の動作へ移るための準備をしておく。

スキルアップ SKILL UP

フロントターンからドライブを選択

ディフェンスのブロックをシュートフェイクでかわし、すばやくゴール下へドライブ。ディフェンスを抜くことができれば、シュートチャンスは格段に増える。

1 ポストアップして、ボールをミートする。

2 ターンしたら、シュートフェイクを入れる。

3 ディフェンスはブロックを狙っている。

SHOOT! シュートを極める

4 ゴールと向かい合うまでしっかりターンする。その後すぐにシュートモーションへ移る。

5 真上へ跳ぶ。体が左右に流れてしまうと、空中でのバランスが崩れてシュートコントロールが乱れる。

6 ボールをリリースする。はやめにリリースして、ディフェンスにブロックされないようにする。

4 その瞬間、ゴール下へのドライブでディフェンスを抜く。

5 ディフェンスを引き離し、すばやくシュートモーションへ移る。

6 真上へ跳ぶ。そのとき、ディフェンスのカバーが来ないか確認。

7 高く跳んで、空中でシュートセレクトできるようにする。

067

REVERSE TURN & JUMP SHOT | リバースターン&ジャンプシュート
片足でディフェンスと間合いをとる

TSUKAMOTO LIVE TALK

インサイドでは、ディフェンスと接するプレイが多くなります。その中でリバースターンはディフェンスとの間合いをつくり、シュートチャンスを生み出すテクニックです。

1 ポストアップしてボールをミートする。同時にゴールやディフェンスの位置を確認する。

2 左足を軸にして右足をすばやく引く。動きがおそいとディフェンスに間合いをつめられてしまう。

3 ゴールと向かい合うまでしっかりターン。ディフェンスとの間合いでシュートするかを判断する。

スキルアップ SKILL UP

リバースターンからドライブを選択

ディフェンスがブロックしようと間合いをつめた瞬間、ゴール下へドライブを開始する。そうすれば、ディフェンスは急な方向転換に対応できなくなるはずだ。

1 ポストアップしてボールをミートする。

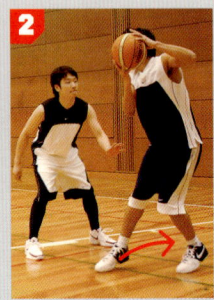

2 左足を軸にして右足をすばやく引く。

3 ディフェンスが間合いをつめてくる。

POINT
高い位置でボールをセット

ディフェンスのブロックを避けたいとき、ヒジをのばしてボールのセット位置を高くするのも有効。ゴール付近でのシュートによく使われる手段だ。

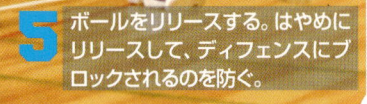

4 ヒザのタメを使って真上へ跳ぶ。体が左右に流れてしまうと、シュートコントロールが乱れてしまう。

5 ボールをリリースする。はやめにリリースして、ディフェンスにブロックされるのを防ぐ。

6 ゴールから目を離さずにフォロースルー。この動作がシュートモーションの安定につながる。

4 その瞬間、ゴール下に向かってドライブを開始する。

5 ディフェンスを抜き、ゴールとディフェンスの位置を確認する。

6 シュートモーションへ。ヒザにタメをつくり、真上へ跳ぶ。

7 ディフェンスのブロックを警戒しながら、ボールをリリース。

TRAINING GUIDE | SHOOT!
安定したシュートのために

ここではシュートに必要な体幹のバランス、リリースのタイミング、ジャンプ力を鍛えるトレーニングを紹介する。トレーニングを行うときには、フォームが崩れていないか確かめながら行うことが重要だ。

TRAINING 01　フラミンゴシュート

体の軸を正してセットシュートを確実に

セットシュートで重要なことはヒジ、肩、腰、ヒザ、つま先を1本のラインにすること。片手片足でシュートを行うフラミンゴシュートは、体の軸を安定させる。

1. 右手でシュートを打つプレイヤーは、右足1本で立つ。左手でシュートを打つプレイヤーは左足1本で立つ。
2. 右足1本で立った場合は右手で、左足1本で立った場合は左手でシュートを打つ。
3. 左右どちらも10回ずつ行う。

TRAINING 02　座ってシュート

完璧なフォロースルーとリリースを手に入れる

このトレーニングでは、少ない力で軽く、やわらかいスピンをかけてボールののびをよくすることが目的。座ってシュートをするとき、指、手首、腕の動きが正しくなければボールはゴールに届かない。ただ、時間をかけることで必ずクリアできるようになる。

1. 最初はゴール下1mに座ってはじめる。胸のあたりでボールをセットし、下からの反動でワンハンドシュートする。ボールがゴールに届くようになったら、額の上からシュートする。
2. 10本中8本成功するようになったら、ゴールから2m、3m、最後はフリースローラインまで距離をのばす。

- 最初はゴールにボールが届かない。
- 少しずつボールが届くようになってくる。
- 最後はゴールの真上30cmぐらいからシュートが決まるようになる。

TRAINING 03　スピンドリル＋ベンチシュート

リリースのタイミングを体で覚える

ヒザと手首のリズムを覚える（スピンドリル）

ヒザ、手首、指のリズムを一致させることがこのトレーニングの目的。リズムが一致すると、ボールの飛距離が出る。

1. バックボードの上部分にボールをあて、落ちたボールをヒザを曲げて腕をのばしてとる。
2. ボールをキャッチしたらすぐにヒザをのばしてボールをリリースする。1、2を繰り返し行う。

セットシュートやジャンプシュートで行う。ゆっくりフォームを確認したり、シュートの前にフェイクを入れてもよい。1分程度を1日2回行う。

リリースするポイントをつかむ（ベンチシュート）

ジャンプシュートは高ければ高いほど有利とされる。そのため、ジャンプが最高到達点になったときにシュートをすることがポイントとなる。その感覚を体で覚える。

1. ベンチの上にボールを構えて立つ。このとき、ヒザを曲げる。
2. ジャンプをしながら、シュートモーションに入る。
3. ジャンプが最頂点に達したとき、ワンハンドシュートを行う。
4. ボールを手放して、地面に着地する。

最高到達点でシュートする感覚がつかめるまで1日10回行う。

TRAINING 04 角度と距離をマスター

どんなところからでも入るシュートを打つ

角度をマスターする

試合で多くの得点をあげるためには、どんな場所からでもシュートが決まらなければならない。0度、45度、90度と様々な角度からのシュート練習を行う必要がある。

1. ゴールの右側0度からシュートを開始する。
2. 落ちてきたボールをキャッチし、45度に移動してシュートする。
3. ボールをキャッチして90度に移動してシュートする。これをゴール左側0度まで繰り返し、左側0度まで行ったら右側0度まで戻る。

ジャンプシュート、フックシュートを10本ずつ行う。

POINT
慣れてきたらゴールからの距離を変えてみたり、右方向や左方向からのパスを想定したシュートをするのもいいだろう。

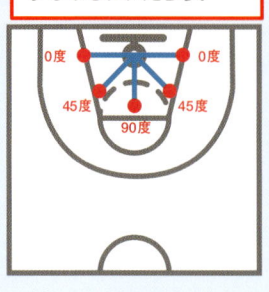

距離をマスターする

フリースロー時のゴールとの距離感覚やバランス感覚を養う。ゴールとの距離感が正しくつかめれば、ボールを投げ出すスピードやボールの軌道も正確になる。

1. フリースローラインにボールを持って立つ。
2. 目を開いて、ゴールまでの距離感をしっかりつかむ。
3. 目を閉じてボールをリリースする。このとき、指先に感覚を集中させる。

頭の中でシュートフォームをイメージしながら、1日5〜10本ほど行う。

TRAINING 05 マイカンドリル

ゴール下のフックシュートを極める

背後にディフェンスがいたとしても、ブロックされにくいフックシュート。体格の差をカバーするシュートなのでぜひ修得しておきたい。

1 ゴールに背を向け、ターンしてゴールの右側からフックシュートを行う。

2 ボールをキャッチし、今度はゴールの左側からフックシュートを行う。慣れてきたら、体からボールを離してシュートを行う。

POINT
ゴール右側からのシュートは左足で踏み切る。

シュート時間を短くするよう心がけ、左右10本ずつ行う。

バックシュートもマスター

マイカンドリルとセットで行いたいのが、このバックシュートのトレーニングだ。このトレーニングでゴールを背にしたときのシュート感覚をつかむ。

1 ゴールに背を向け、ゴール右側からバックシュートを行う。

2 ボールをキャッチし、今度はゴール左側からバックシュートを行う。

上で紹介したマイカンドリルとセットでトレーニングし、左右どちらも10回ずつ行う。

POINT
第2ステップを強く踏み切り、高くジャンプ。また、手首と指先を使ってボールに回転をかけるように意識する。

TRAINING 06 　筋力トレーニング

体幹を鍛える

バスケットボールの中で最も正確さを求められるのがシュートだ。体の軸が不安定だとシュートのときに体が流れたり、開いたりしてしまう。これから紹介するトレーニング4種類を週3回行うことで体幹が鍛えられ、正確なシュートを打てるようになる。

筋力トレーニング・ストレッチの組み立て方
無理をせず、自分のレベルで行うこと

筋力トレーニングやストレッチはフォームが乱れたりしない程度に行い、疲れる前に止めること。ひとつの動きは20秒以上行わないこと。

Ver.1

1 背中を床につけて、仰向けに寝る。このとき、両足をのばす。

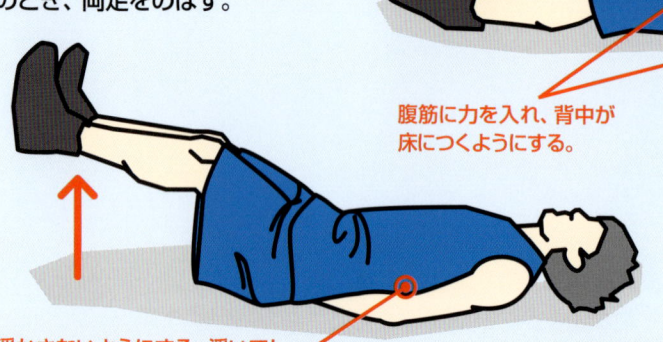

腹筋に力を入れ、背中が床につくようにする。

腰を浮かさないようにする。浮いてしまうときは両足を90度くらいに曲げる。

2 背中を床につけたまま、股関節を中心に両足を上げる。足を腰の高さまで上げたらゆっくり下ろす。15〜20回を目安に行う。

Ver.2

1 横向きに両足をつけて寝る。上にくる手で軽く耳に触れる。

完全に横向きになるのではなく、少し上を向くようにする。

つま先とヒザは少し上に向け、骨盤を振らないで足だけを動かすようにする。

2 両足をつけたまま上げる。両足が目一杯上がるところまでできたらゆっくり下ろす。両サイド15〜20回を目安に行う。

Ver.3

1 仰向けに寝る。片方の足首を反対側の足のヒザにかける。

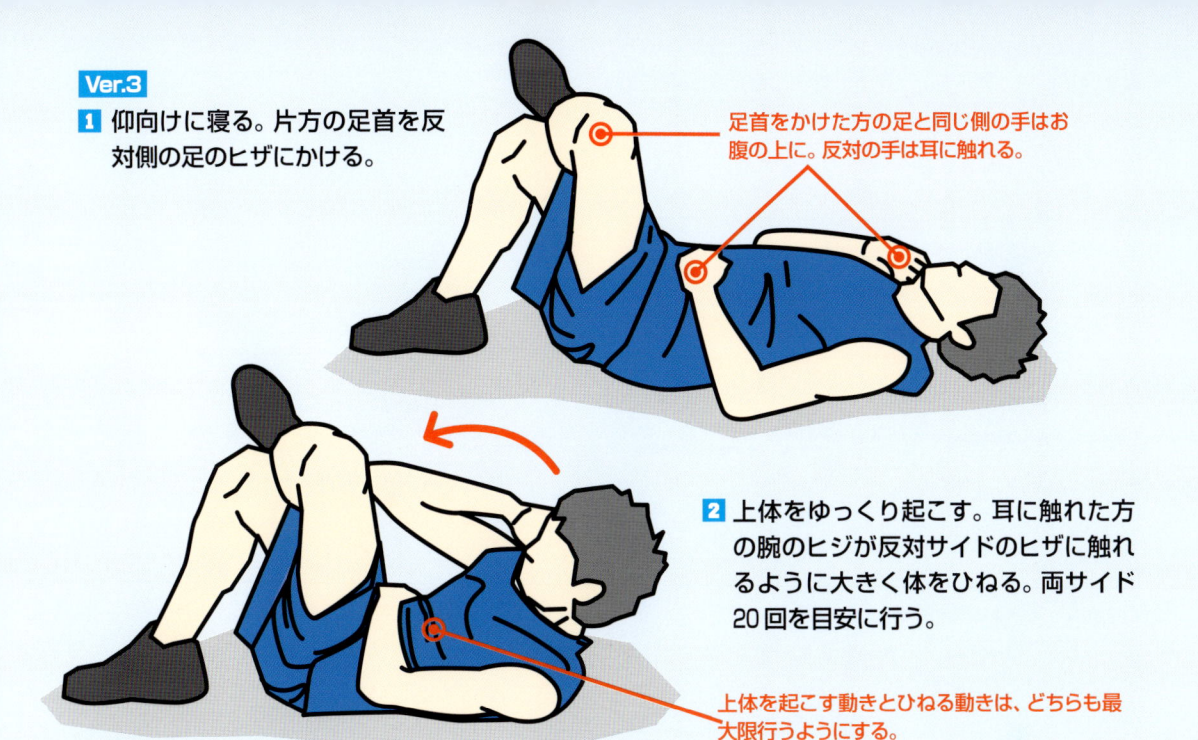

足首をかけた方の足と同じ側の手はお腹の上に。反対の手は耳に触れる。

2 上体をゆっくり起こす。耳に触れた方の腕のヒジが反対サイドのヒザに触れるように大きく体をひねる。両サイド20回を目安に行う。

上体を起こす動きとひねる動きは、どちらも最大限行うようにする。

Ver.4

1 両ヒザを曲げ、仰向けに寝る。両手は軽く耳に触れるようにする。

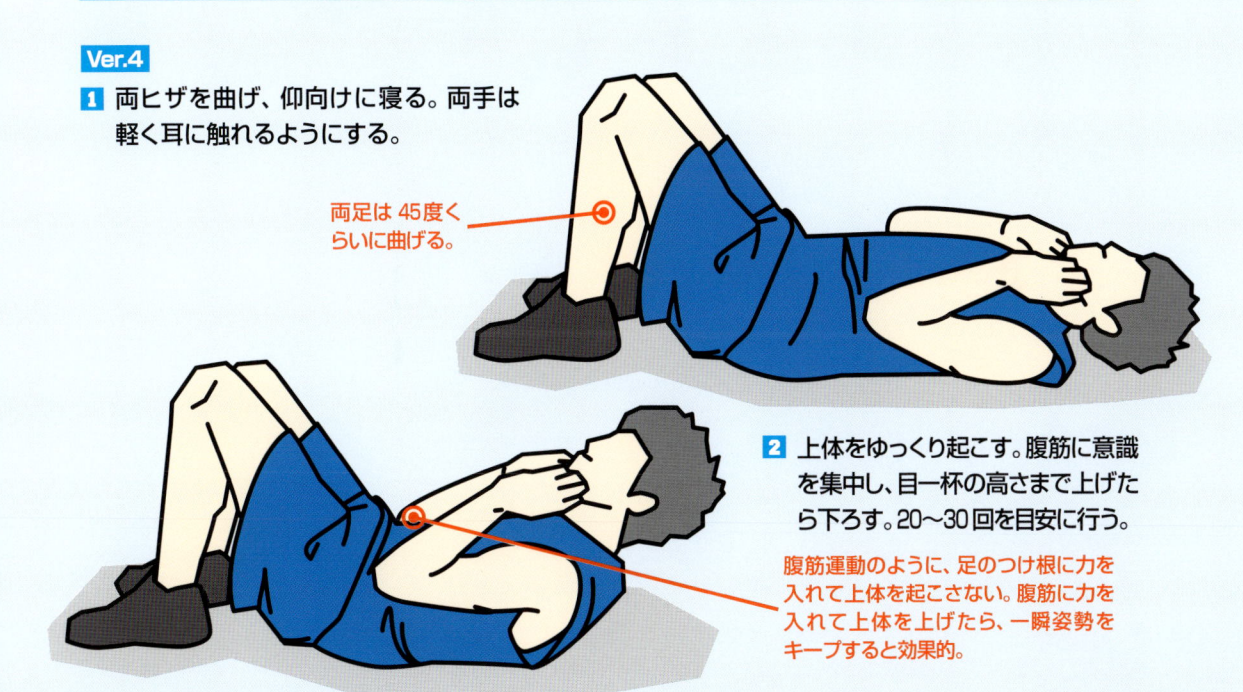

両足は45度くらいに曲げる。

2 上体をゆっくり起こす。腹筋に意識を集中し、目一杯の高さまで上げたら下ろす。20～30回を目安に行う。

腹筋運動のように、足のつけ根に力を入れて上体を起こさない。腹筋に力を入れて上体を上げたら、一瞬姿勢をキープすると効果的。

TRAINING 07　基礎力／垂直跳び／ランニングジャンプ

ジャンプ力をアップさせる

ジャンプの滞空時間が長く「Air」と呼ばれたマイケル・ジョーダンも、日々ジャンプ力を上げるためのトレーニングを行っていた。ここでは、より高く跳ぶためのトレーニングを紹介する。

> **トレーニングの前に**
> ### 1回1回きちんと行う
> トレーニングは数ではない。1回1回のトレーニングがきちんと行われることが重要なのだ。疲れを感じてフォームが乱れる前にトレーニングを終了し、ひとつのトレーニングは20秒以上行わない。

基礎力をつける

1. 片足を一歩前へ踏み出す。
2. お尻を引き締め、骨盤を前に出す。そのまま重心を後ろに傾ける。
3. 腰を落とし、踏み出した足のヒザを90度に曲げる。背中はのばし、視線を前へ向ける。
4. 踏み出した足を元に戻し、今度は反対の足を踏み出して行う。

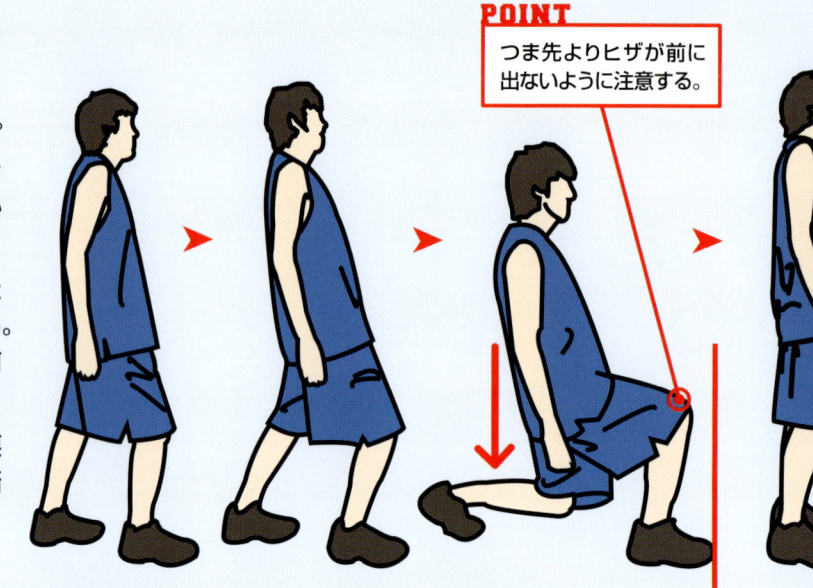

POINT　つま先よりヒザが前に出ないように注意する。

POINT　できるだけ接地時間を短くし、腕の振りを使って遠くへ跳ぶ。

垂直跳びの高さを上げる

1. 両足をそろえて立つ。
2. 両足をそろえたまま、前方へジャンプする。
3. 着地したら、またすぐに前方へジャンプする。

片足でのジャンプトレーニング

〈片足垂直跳び〉

1. 片足で立ち、両腕を使って大きく振り込む。
2. 真上に跳び、踏み切った方の足で着地し、バランスをとって体勢を立て直す。

〈片足タックジャンプ〉

1. 片足で立ち、反対のヒザを曲げる。
2. ジャンプして、立っていた方の足を曲げて胸に抱え込む。

POINT
立っていた方の足で着地し、同じ足で 1、2 を繰り返す。上体はできるだけ起こす。

ランニングジャンプで高く跳ぶ

1. ボールを持たずにレイアップシュートの動作を行う。
2. ゴール下までトップスピードで走る。
3. ゴール下まで来たら踏み切る。
4. レイアップシュートと同じように、手を上げてジャンプする。

POINT
このトレーニングでは踏み切る位置を確認する。ゴールから遠いところで踏み切っていると、高く跳ぶことができない。

COLUMN 2　シューズの選び方

ポジションとシューズの関係

バスケットボールシューズはポジションやプレイスタイルによってタイプが分かれる。ポジション別に好まれる機能はあるが、最も重要なのは履いたときの感覚。自分の感覚に合ったシューズを選ぶことが一番大切なのだ。

PG　スピードを生み出すための接地感とグリップ性

スピーディーなプレイが求められるPGプレイヤーは、軽量で接地感に優れているものを好む。また、動き出しをはやくするために、グリップ性も必要とされる。

SG　ハードな動きと運動量にはクッション性の高いものを

クイックネスを駆使してプレイすることが多いSGプレイヤー。クッション性が高く、負担のかかる足首にホールド感をやや残したサポート力のあるシューズが好まれる。

SF　スピードとパワーのバランスが重要

SFプレイヤーは状況に応じてドライブもポストプレイも行うオールラウンダー。スピードに対応する反発性とパワフルなプレイを支えるクッション性が必要に。

PF　上下左右の動きをサポート

リバウンドなど上下の動きに加えて、1on1による左右の動きも多いPFプレイヤー。クッション性とグリップ性の両方を兼ね備えたものが好まれる。

C　足首にかかる負担を軽減

ゴール下でのプレイが多いCプレイヤー。接触プレイやジャンプの回数が多く、着地のときのショックを吸収し、足首をホールドするサポート力が必要。

サイズの選び方

バスケットボールは他のスポーツに比べ細かな動きが多い。そのため、足にフィットしたサイズを選ぶことが重要。

必ずジャストサイズでフィッティングする

オーバーサイズのシューズを履くと、前足部があき、シューズ内で足がズレてしまう。転びやすくなり、シューズの耐久性も損なわれてしまうので、まずジャストサイズで履いてみる。

「あたるのか」「痛いのか」を見極める

フィッティングをしたとき、シューズの内部に足があたるのは問題ない。痛い場合はシューズの外側の素材が足にあたっている状態なので、サイズを上げてみる。

正しいフィッティングの方法

つま先をシューズのつま先に合わせて履く。フィッティングは練習後など、足が疲れている状態では判断がにぶるので避ける。

かかとに人さし指が1本入るくらいがジャストサイズ。メーカーによって同じサイズ表記でも大きさが異なるので注意。

靴ひもを締め、ジャンプしてチェック。1年ほどでモデルチェンジすることがあるので、自分に合うものはまとめ買いするのも手。

NBA プレイヤーたちの足元

自分の持つ能力を引き出してくれるシューズは、もはや体の一部といえるだろう。ここでは、NBAの優れたプレイヤーがどんなシューズを履いているのかを紹介する。

SG コービー・ブライアント

スピードのあるドライブやシュートなど、ハードな動きが多いSGプレイヤー。コービー・ブライアントのためにつくられたシューズはフィット感が高く、ねじれや曲がりに強い素材を採用。足がねじれた状態でもグリップ性を発揮する。

SF レブロン・ジェームズ

レブロン・ジェームズのためにつくられたシューズは、クッション性と反発性に優れている。ドライブなど、インサイドに切れ込むスピードとあたりに負けないパワーが必要とされるSFプレイヤーにとって、シューズのホールド感は重要といえる。

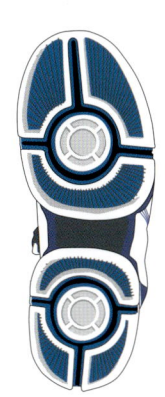

PG スティーブ・ナッシュ
PG トニー・パーカー

NBAで代表的なPGといえばスティーブ・ナッシュやトニー・パーカーだが、この2人が好んで履いているのは、地面をつかむような接地感のある薄いソールのシューズだ。また、スピードを生かす高い反発性を持つものも好まれる。

3rd Period DRIBBLE!

ドリブルを極める

ドリブルはボールを保持して移動できる唯一の手段であり、ディフェンスと対峙したときは強烈な武器となる。ドリブルするときは常に顔を上げて、次の動作をイメージするように。また、ディフェンスに対して逃げ腰にならず、ディフェンスの脇ギリギリを抜くような挑戦心溢れるプレイが必要である。

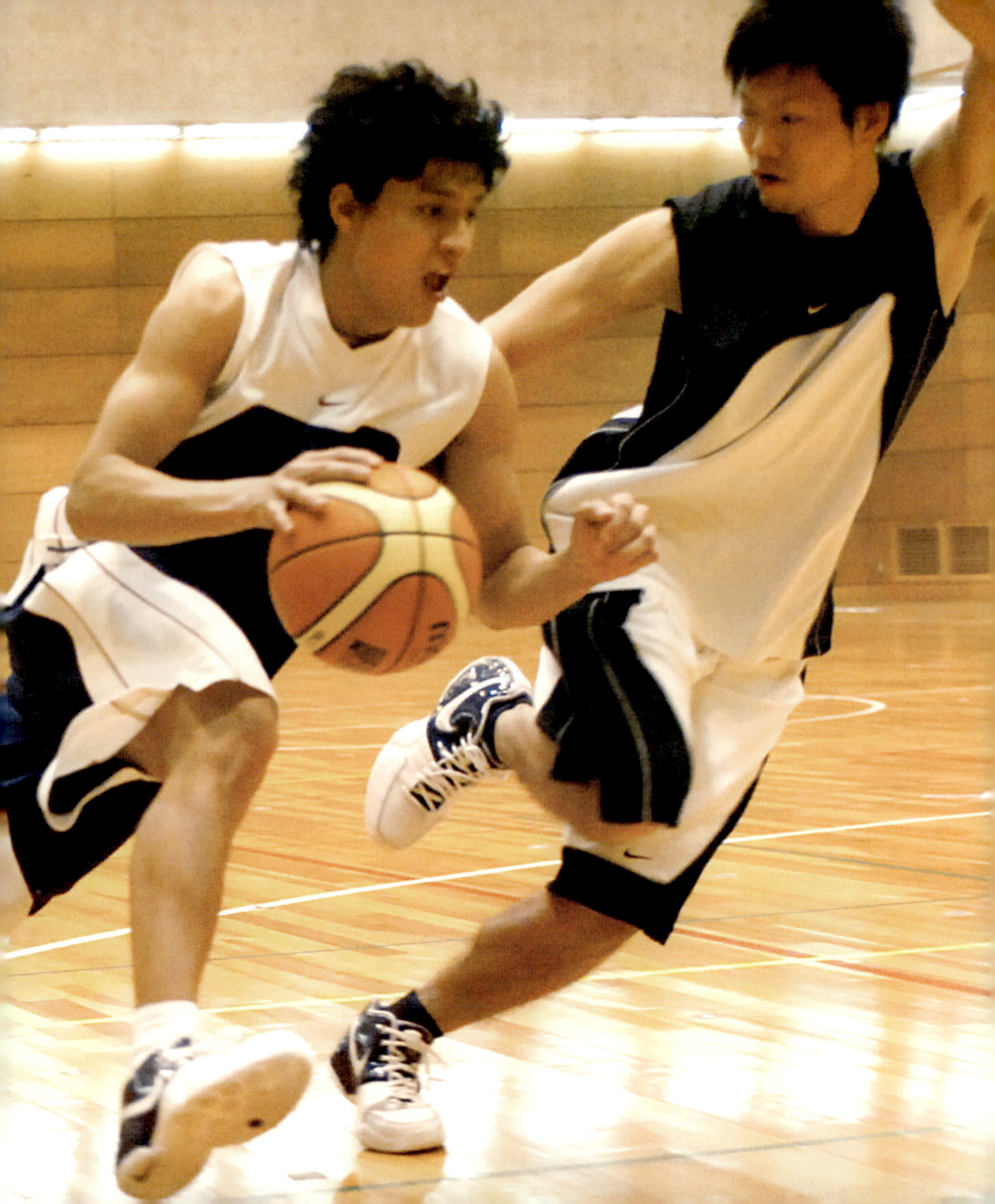

DRIVE ｜ドライブ
肩を使って「縦に抜く」

TSUKAMOTO LIVE TALK

1on1はドライブ抜きに語ることはできません。肩を下げて、ディフェンスの脇ギリギリをすり抜けるようにドライブすれば、新たなシュートスペースを発見することができるでしょう。

フォームチェック FORM CHECK

顔
状況を把握するために、常に顔を上げること。

ボールの位置
アゴの高さまで上げる。手のひらを返しておくと、次の動作にすばやく移れる。

ヒザ
次の動作へ移りやすくするために、軽くタメをつくる。

ヒジ
ディフェンスにボールを奪われないために、ヒジを軽く張る。

ドライブの流れ

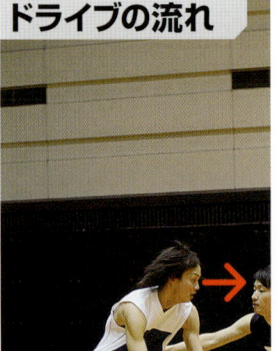

1 トリプル・スレットからドライブ開始。顔を上げて視野を広く持つ。

2 姿勢を低くし、左肩でコースを切り開くようにディフェンスを抜く。

スキルアップ SKILL UP

ワンフェイク→ドライブ

ゆっくりとフェイクを入れ、そこから加速してドライブをしかける。ドライブにチェンジオブペースの要素をプラスするだけで、ディフェンスを抜く決め手になる。

1 顔を上げて、状況やディフェンスとの間合いを瞬時に把握する。

POINT

ボールの突き出し

ディフェンスを抜く瞬間、ボールを大きく突き出す。そして、そのボールを追いかけることで、スピーディーなドライブが可能になる。

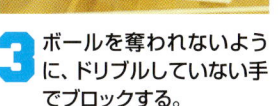

3 ボールを奪われないように、ドリブルしていない手でブロックする。

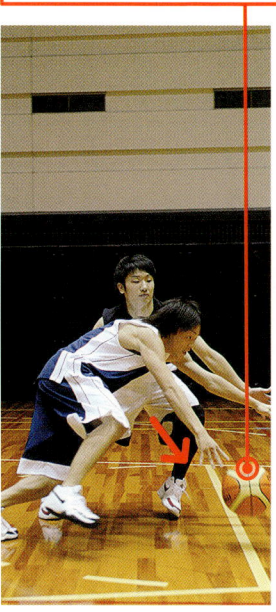

4 ボールを前へ突き出し、それを追うようにしてスピードを上げる。

5 ディフェンスすれすれを抜くことで、ディフェンスはマークしにくくなる。

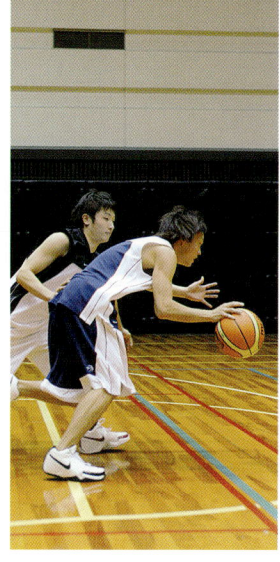

6 コースを読まれないために、ドライブは左右どちらでもできるように。

2 ゆっくりと右足を踏み出してフェイク。ヒザはタメを残しておく。

3 大きな動作によってディフェンスの重心を傾けることが重要になる。

4 一気に加速して左側へドライブ。右肩でコースを切り開くイメージ。

5 ボールを奪われないために、右手でディフェンスをブロックする。

6 低い姿勢をキープして、大きなステップでディフェンスを抜く。

DRIBBLE! ドリブルを極める

3rd Period

CROSS OVER | クロスオーバー
上下左右にボールを大きく振る

TSUKAMOTO LIVE TALK

ボールを上下左右とダイナミックに動かし、ディフェンスを抜き去るテクニックです。スピーディーにボールを運ぶため、日頃からボールを手元から離さず、ボールハンドリングをマスターしましょう。

1 上体やボールのダイナミックな動きで、左側を抜くと見せかける。

2 ディフェンスの重心が傾いた瞬間、ボールを逆サイドへクロス。

3 ボールを低くクロスさせて、前の動きと高低差をつけることが重要。

CHECK

スムーズなボールハンドリング

クロスオーバーを上達させるためには、ボールハンドリングが欠かせない。特にボールをクロスさせるときの、出し手と受け手をスムーズに行うことがポイント。

左側へドライブする動作。 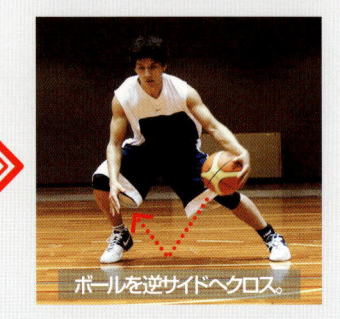 ≫ ボールを逆サイドへクロス。

POINT
ボールを低くクロス
ヒザよりも低い位置でボールをクロスさせる。そうすると、ディフェンスは対応しにくくなる。

POINT
肩を差し込む
ボールをクロスさせた瞬間、左肩を抜きにかかるコースへ差し込むイメージで動かす。

4 右手はあらかじめボールを受ける用意をしておく。

5 軸足を強く蹴り出し、ディフェンスを抜きにかかる。

6 ディフェンスを引き離す。このとき、必ず顔を上げること。

3rd Period　**DRIBBLE!** ドリブルを極める

≫ 右手でボールを受ける。
≫ 右足を強く蹴り出す。
≫ ディフェンスを引き離す。

085

LEG THROUGH ｜レッグスルー
つま先で急激な方向転換

TSUKAMOTO LIVE TALK

ディフェンスにドリブルコースを塞がれたときは、迷わずレッグスルーをチョイス。一瞬にしてボールを逆サイドへ運ぶトリックのような状況に、ディフェンスはただ戸惑うばかりでしょう。

1 ディフェンスを抜きにかかる。ディフェンスはドリブルコースを塞ごうとしている。

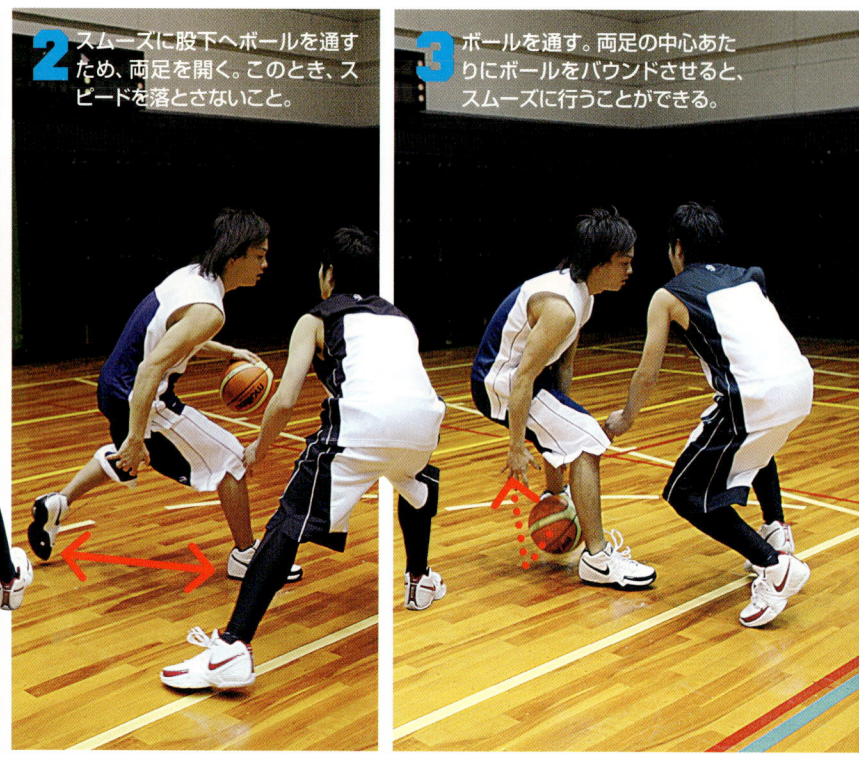

2 スムーズに股下へボールを通すため、両足を開く。このとき、スピードを落とさないこと。

3 ボールを通す。両足の中心あたりにボールをバウンドさせると、スムーズに行うことができる。

CHECK

スピードを落とさない足の運び方

レッグスルーを成功させる鍵は「スピード」。股下にボールを通した瞬間、後ろ足で蹴り出し、前足はドリブルする方向へ踏み出すように。

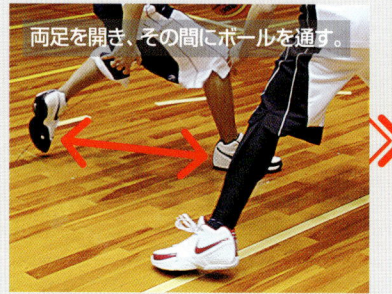

両足を開き、その間にボールを通す。

ボールの受け手の準備をする。

POINT

前足で方向転換

前足のつま先を、ドリブルする方向へ方向転換する。そうすると、スムーズにディフェンスを抜くことができる。

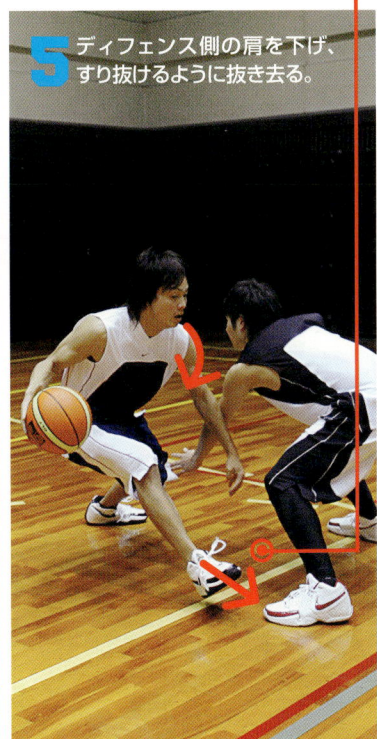

4 反対側の手でボールを受け、低い姿勢で逆サイドへ蹴り出す。

5 ディフェンス側の肩を下げ、すり抜けるように抜き去る。

6 ボールを前へ突き出し、ディフェンスを一気に引き離す。

ボールを通したら、後ろ足を蹴り出して加速する。

前足のつま先で方向転換すると、動作がスムーズに。

DRIBBLE! ドリブルを極める

3rd Period

087

SPIN MOVE｜スピンムーブ
ディフェンスを軸にしてターン

TSUKAMOTO LIVE TALK

ディフェンスがタイトなとき。ドリブラーなら、あえて近づいていくくらいの大胆な気持ちを大切にしたいですね。ディフェンスを軸にして高速スピンすれば、ディフェンスも手出しはできません。

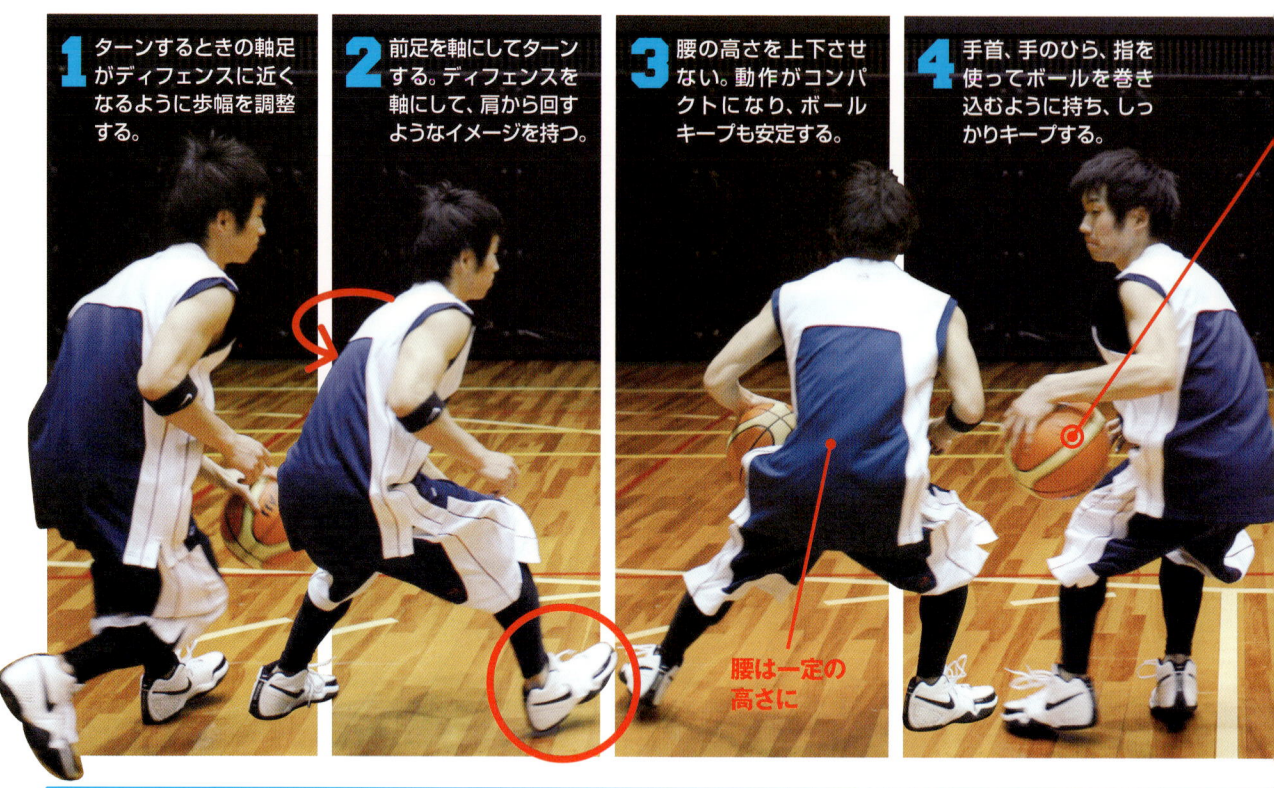

1 ターンするときの軸足がディフェンスに近くなるように歩幅を調整する。

2 前足を軸にしてターンする。ディフェンスを軸にして、肩から回すようなイメージを持つ。

3 腰の高さを上下させない。動作がコンパクトになり、ボールキープも安定する。

4 手首、手のひら、指を使ってボールを巻き込むように持ち、しっかりキープする。

腰は一定の高さに

CHECK
ディフェンスの動作をブロックする足運び

軸足をディフェンスの両足の間に入れる。そして、背中をあてるようなイメージでターンし、軸足でない方の足は前方への突き出しを大きくする。

軸足をディフェンスの足の間に入れる。

ディフェンスに背中をあててターン。

POINT

遠心力を利用

ターンのとき、ボールの持ち替えは行わない。そのため、すばやいターンで遠心力をつけて、ボールコントロールすることが重要に。

5 軸足でない方の足をドリブルする方向へ大きく突き出し、ディフェンスを引き離す。

6 ドリブルをついて、右手でボールを受ける。しっかりボールコントロールすることが重要になる。

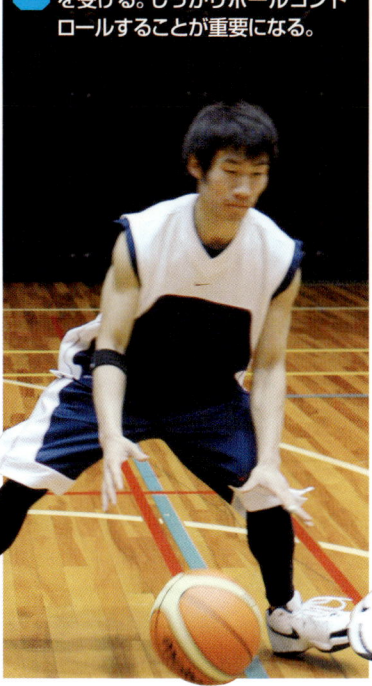

7 次の動作へスムーズに移ることができるように、常に顔を上げて状況を把握しておくこと。

3rd Period

DRIBBLE! ドリブルを極める

軸足でない方の足を前へ出す。

ドリブルをつきながら、正面を向く。

加速しながら前へドリブルする。

INSIDE OUT｜インサイドアウト
スピードにのったままボールハンドリング

TSUKAMOTO LIVE TALK

インサイドアウトはステップとボールハンドリングで、ディフェンスを横に大きく揺さぶるテクニックです。スムーズな身のこなしを手に入れるには、練習あるのみ。頑張ろう。

1 スピーディーなドリブルでディフェンスとの距離を縮める。インサイドアウトを行う間合いを意識。

2 ボールを大きく内側へ押し込む。そのとき、上体やステップも連動させ、横方向への動きをつくる。

3 ボールを内側から外側へ大きく開く。これをスピーディーに行えるかがポイントとなる。

CHECK

ボールと体の振りを大きく

インサイドアウトを成功させるポイントは横方向への動き。その動きによって、ディフェンスにコースを予測させず、体勢を崩すことができる。

ボールを大きく内側へ押し込む。 ≫ ボールを内側から外側へ開く。

POINT	POINT
ボールの持ち替え ボールを持ち替えるとき、巻き込みすぎるとダブルドリブルになるので注意。	**ボールを受ける手** インサイドアウトをスムーズに行うには、ボールを受ける手のハンドリングが重要となる。

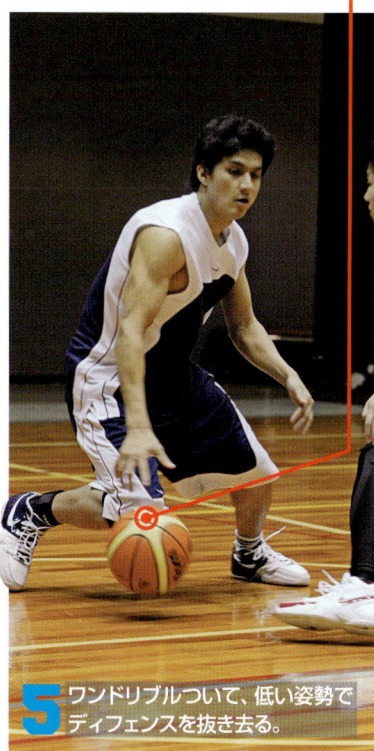

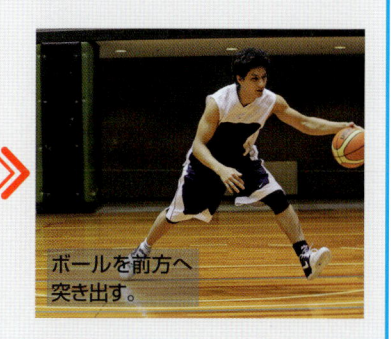

4 上体を左側へ傾けると同時に、左足で右側へ踏み切る。

5 ワンドリブルついて、低い姿勢でディフェンスを抜き去る。

6 ボールを前方へと突き出し、一気にディフェンスを引き離す。

≫ 右足で左側へ踏み切る。

≫ ワンドリブルでディフェンスを抜く。

≫ ボールを前方へ突き出す。

3rd Period

DRIBBLE! ドリブルを極める

BEHIND THE BACK ｜ビハインドザバック
腕を大きく振って背後にボールを通す

TSUKAMOTO LIVE TALK

猛スピードのままボールを逆サイドへ移動させ、ディフェンスをアッという間に抜き去りましょう。ディフェンスがボールを奪おうと手をのばした瞬間、ビハインドザバックを仕掛けてもおもしろいですね。

1 スピーディーなドライブで抜きにかかる。ディフェンスはコースに入ろうとしている。

2 肩の関節を柔らかく使い、のばした腕でボールを背中から逆サイドへ移動させる。

スキルアップ SKILL UP

クロスオーバー→ビハインドザバック

横移動のクロスオーバーと、縦移動のビハインドザバック。このコンビネーションを成功させるポイントは、接合部分をスムーズに行えるかどうかにかかっている。

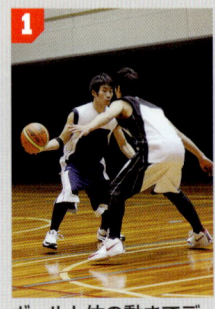

1 ボールと体の動きでディフェンスの重心を崩す。

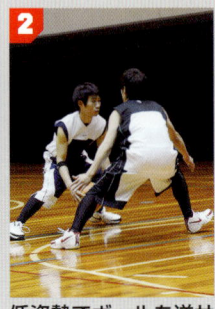

2 低姿勢でボールを逆サイドへクロスさせる。

3 左手でしっかりとボールを受ける。

POINT

ボールを斜め前へ

ボールは体の斜め前へバウンドさせる。そうすると、ボールをスムーズに受けられ、スピードもキープできる。

3rd Period　DRIBBLE! ドリブルを極める

3 腕を大きく振り、ボールを体の斜め前にバウンドさせる。そうするとスピードダウンしない。

4 スムーズにドリブルへ移るには、ボールの受け手となる右手のボールハンドリングが重要になる。

5 この時点で状況を把握して、次の動作へトップスピードのまま移れるように。

4 ここがクロスオーバーとビハインドザバックの接合部分。

5 後ろへボールを引くように背中を通して逆サイドへ移動。

6 腕を大きく振って、ボールを体の斜め前にバウンドさせる。

7 一気にディフェンスを引き離し、次の動作へ移る。

GALLOP MOTION | ギャロップモーション
コースを読ませないステップ
TSUKAMOTO LIVE TALK

ディフェンスの動き次第でダイナミックにステップを変えるため、コースが読まれにくいのが特長です。ジャングルと呼ばれるインサイドに割って入るには、まさに最適なテクニックといえるでしょう。

1 顔を上げて状況を把握しながらドリブル。スピードはキープする。

2 ゴールまでの距離やディフェンスの位置を踏まえて踏み切る。

3 ダイナミックに跳び、空中ではしっかりバランスをとること。

スキルアップ SKILL UP

ギャロップモーション→フェイドアウェイシュート

ギャロップモーションはディフェンスの動きに応じてステップが変化する。そのため、バリエーションは無限大。それは1on1の幅を無限大に広げていることと同じである。

1 状況を把握しながらドリブルする。

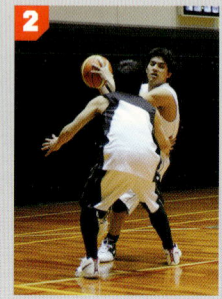

2 ディフェンスをかわしながら強く踏み切る。

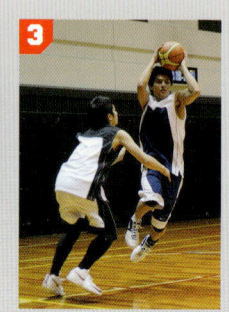

3 空中ではしっかりバランスをキープする。

POINT

ディフェンスの足元を跳び越える

ギャロップモーションは、ディフェンスの足元を跳び越えて抜き去るテクニック。そのため、ジャンプは大きく、空中ではボディバランスをキープすることが必要。

4 ディフェンスの動きに応じてシュートセレクトする。

5 スピードをキープして、両足で踏み切りシュートモーションへ。

6 ゴールから目を離さず、最高到達点でしっかりフィンガーロールする。

4 ボールはディフェンスから遠ざけて守る。

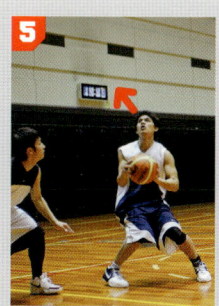

5 ディフェンスの位置を考えてシュートセレクト。

6 後ろへ跳んでディフェンスと間合いをとる。

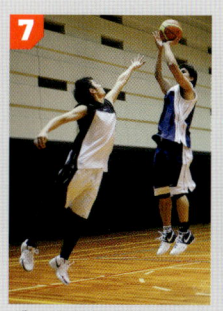

7 ボールをセット。ゴールから目を離さないこと。

8 リリース後はフォロースルーをしっかりと。

3rd Period

DRIBBLE! ドリブルを極める

SKIP STEP | スキップステップ
スローテンポな動きで状況判断

TSUKAMOTO LIVE TALK

その名の通りリズミカルにスキップしながら状況を把握するテクニックです。あえてゆっくりとスキップすることで、一気に加速して抜きにかかるとき、抜群の効果を発揮します。

1 ボールがバウンドして上がるとき、合わせて足も上げてスキップする。

2 高いドリブルをついて、ゆっくりとスキップするイメージ。

3 ディフェンスとの間合いを見ながら、ゆっくりと前進していく。

スキルアップ SKILL UP

スキップステップ
→クロスオーバー
→スピンムーブ

ゆっくりとしたスキップステップは、スピーディーな次の動作のための準備ともいえる。大事なのは、どのタイミングで仕掛けるかだ。

1 高いドリブルをつきながらスキップする。

2 ゆっくりとディフェンスとの間合いをつめる。

3 ディフェンスの動きに意識を集中させる。

4 ボールの位置を変えずに、リズムを崩さないようにする。

5 ディフェンスの動きにすばやく対応できるように準備しておくこと。

6 自分のタイミングで一気に加速し、ディフェンスを抜きにかかる。

3rd Period

DRIBBLE! ドリブルを極める

4 一気に加速してクロスオーバーへ移る。

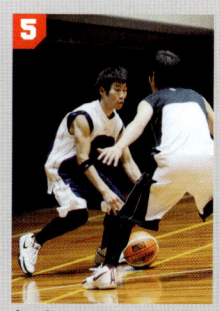

5 左手でスムーズにボールを受ける。

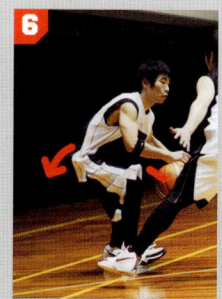

6 腰の高さをキープしながらスピンムーブへ。

7 肩から先に回転するようなイメージで。

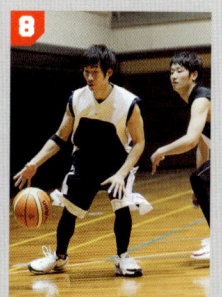

8 足を大きく突き出して、ディフェンスを抜く。

097

SKIP STEP→GALLOP MOTION｜スキップステップ→ギャロップモーション
緩急の差でディフェンスを抜き去る

TSUKAMOTO LIVE TALK

1on1にとってチェンジオブペースは欠かせない要素。ここではその例として、スローなスキップステップからダイナミックなギャロップモーションへのコンビネーションを紹介します。

1 ディフェンスと間合いがあるとき、高いドリブルをついてスキップする。

2 リズムを変えずにゆっくりディフェンスとの間合いをつめていく。

3 ディフェンスを観察して、どんな動作にも対応できる準備をする。

4 ディフェンスに左側へのドライブを意識させ、重心を崩す。

CHECK

予測不能の変則ステップ

ディフェンスの位置によって、自由自在にコースを変える変則ステップ。それは強い踏み切りが可能にしていることを忘れてはならない。

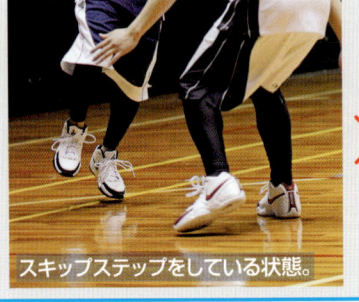

スキップステップをしている状態。  ≫ 左側へ大きくステップする。

POINT

急な方向転換

ディフェンスの足元を跳び越えてステップするとき、いかに前の動作から方向転換できるかで抜きやすさが変わってくる。

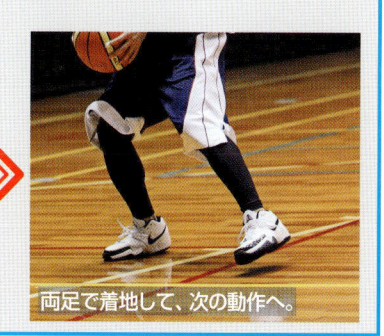

5 その瞬間を狙って、右側のコースへダイナミックにステップする。

6 跳ぶときは、上半身を大きく前へ運ぶようなイメージを持つとよい。

7 ゴールやディフェンスの位置を確認して、シュートセレクトする。

DRIBBLE! ドリブルを極める

» 続いて、右側へ大きくステップする。

» 空中でディフェンスをかわす。

» 両足で着地して、次の動作へ。

TRAINING GUIDE | DRIBBLE！
ドリブルでボールを自在に操る

ボールを保持しながら移動できる唯一の手段がドリブルである。ドリブルのテクニックを磨くためにはボールハンドリングはもちろん、ランニングスピードも向上させる必要がある。

TRAINING 01　ボールハンドリングドリル

ボールコントロールの名手になる

フィギュアエイト

このトレーニングによって、ドリブルチェンジするときの受け手の準備がスムーズになる。慣れてきたら、徐々にボールをはやく動かすようにする。

1. 足を肩幅に広げ、足の間をボールで8の字を描くように回す。20秒行う。
2. 足を肩幅に広げ、足のまわりと胴のまわりをボールで8の字を描くように回す。これを20秒行う。

20秒

20秒

クロスキャッチ

リズミカルでスムーズな動きをマスターでき、レッグスルーや肩を使ったフェイクのレベルアップにつながる。ボールを見ずに行う。

1. 体の前でボールを両手で持つ。
2. ボールを離し、床に落ちる前に片足を挟んで両手でキャッチ。
3. すぐにボールを離し、床に落ちる前に両手の前後を入れ替え再びキャッチ。リズミカルに20秒繰り返す。

前後キャッチ

指先でボールを扱う感覚をつかむ。ボールを見ないよう意識することで、プレイ中に顔を上げる習慣がつく。

1. 体の前でボールを両手で持つ。次に股下へ下ろす。
2. ボールを離し、両手を体の後ろへ回す。
3. ボールが床に落ちる前に、体の後ろでキャッチする。20秒繰り返す。

ジャグリングラン

難易度は高めだが、動きながらボールハンドリングすることで周囲を把握しながらプレイする力が鍛えられる。

1. ボールを両手に持つ。
2. 右手に持ったボールを上へ投げる。
3. 左手に持ったボールを右手に渡す。
4. 落下してきたボールを左手でキャッチする。20秒繰り返す。

POINT
慣れてきたらその場でステップしたり、走りながら行う。上手くいかないときは、ボールを低めに投げるとやりやすい。

TRAINING 02　ボールコントロール

ドリブルに自信を持つ

V字ドリブル

ディフェンスにボールを奪われないためにも、ドリブル中はいつでも方向やスピードを変えられるようにしなければならない。片手でしっかりボールをコントロールできるようにしておく必要がある。

1. 足を前後に大きく開く。
2. 体の横で前後にドリブルする。
3. 徐々にヒザを前後に動かし、ボールの動きと連動させながらドリブルする。
4. 左右それぞれの手で行い、顔を上げることを意識する。

ツーボールドリブル

両手に持った2つのボールを自在に操れるようになれば、余裕を持ってドリブルすることができる。ディフェンスに対する様々な対応ができるようになるのだ。

POINT
顔を起こしてリズミカルに行うこと。

1. 両手にボールを持ち、左右交互にドリブルする。
2. 胸の高い位置や、ヒザの低い位置でドリブルするなど、高さの変化をつける。
3. 慣れてきたら、前後に歩きながら徐々にスピードを上げる。

1. 左右交互にドリブルができるようになったら、スキップをしながら両手で同時にドリブルする。
2. 慣れてきたら、バックスキップをして行う。指先を少し後ろに向けるとやりやすい。

目を閉じてドリブル

ボールをコントロールする感覚を磨くためには、目を閉じてドリブルをして意識を指先に集中するとよい。また、このトレーニングは背後のディフェンスの気配を感じとる力も養われる。

1. 目を閉じて体の前で左右にドリブルする。
2. 左右どちらの手でも行う。
3. 慣れてきたら、レッグスルーなど動きのあるドリブルを行う。
4. 左右どちらの手でも行う。

サークルドリブル

スムーズにクロスオーバーをするためのトレーニング。サークル上をドリブルで進み、センターラインに入るときと出るタイミングでクロスオーバーを行いながら進む。

1. センターサークルにそってドリブルをしながら進む。
2. センターラインまで来たら、クロスオーバーする。
3. センターラインをすぎたら、再びクロスオーバーしてサークル上を進む。徐々にスピードを上げて行う。

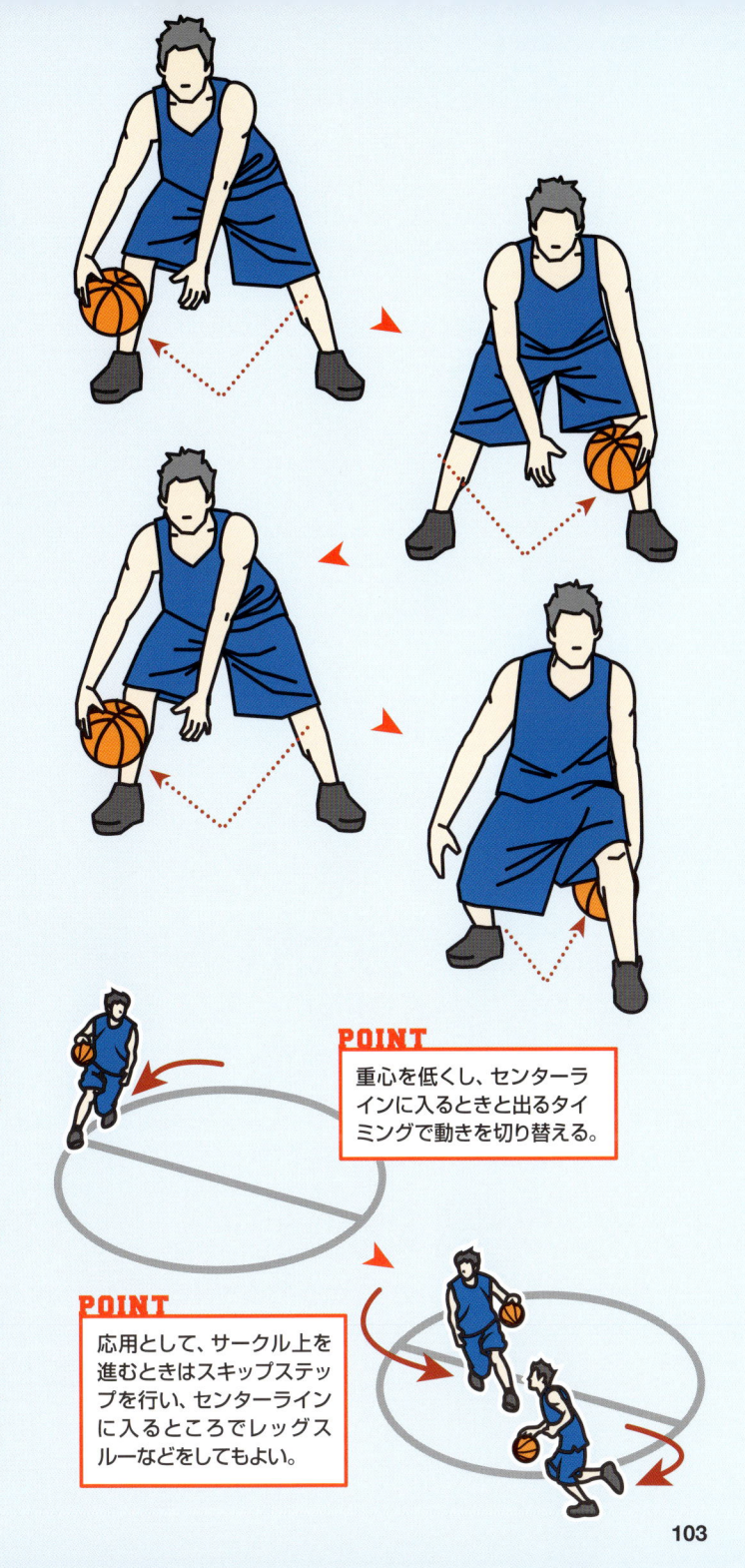

POINT 重心を低くし、センターラインに入るときと出るタイミングで動きを切り替える。

POINT 応用として、サークル上を進むときはスキップステップを行い、センターラインに入るところでレッグスルーなどをしてもよい。

TRAINING 03　ボールキープドリル

ディフェンスにボールを奪われない

ドリブル前のボールキープ

どんなドリブルテクニックを持っていてもボールをキープできなければ意味がない。ディフェンスのプレッシャーにあわてず、落ち着いてディフェンスを抜けるように反復練習する。

1. 2人1組で行う。ディフェンスがオフェンスにボールを渡す。
2. ディフェンスはボールを渡した後、タイトにオフェンスに迫り、ボールを奪おうとする。
3. オフェンスはボールを5秒キープできたら、ドライブでディフェンスを抜く。

5秒キープ

POINT
毎日1分間行い、それを1ヶ月続けるとプレイが自然と身につく。

ドリブル中のボールキープ

ドリブル中に迫ってきたディフェンスに逃げ腰になると、相手に余裕を与えてしまう。積極的に攻める姿勢が何より大切だ。ゲーム感覚で行えるトレーニングなので、楽しみながら行える。

1. センターサークル内で2人1組で行う。
2. 2人ともドリブルをしながら、相手のボールを奪い合う。

POINT
ボールを奪われないように体でカバーしながら行う。フェイクを行いながらスチールするのもよい。

TRAINING 04　ドリブルドリル

姿勢とリズムを体で覚えてディフェンスをかわす

キレのあるドリブルを手に入れる

ディフェンスを抜くときに重要となるのが、肩の入れ方。このトレーニングでは、障害物をディフェンスに見立て、すり抜けるような姿勢を体で覚えていく。

1. 3～4m間隔で障害物（コーンなど）を4個置く。コーンの両側から2人同時にドリブルをしながら進む。
2. 障害物をディフェンスだと思い、内側の肩を入れて低い姿勢で踏み込む。また、反対から来る相手もディフェンスに見立て、フェイクを入れるのもいいだろう。

POINT
障害物の前でインサイドアウト、クロスオーバー、ビハインドザバックなどを行うと、よりドリブルに変化をつけることができる。

ドライブの基本を体で覚える

ディフェンスとの距離が90cm前後で行うドライブと、ウイングからゴールを狙うドライブでは動きが異なる。その違いを体で覚えるトレーニング。

1. ディフェンスとの距離が90cm前後のときは、スピードドリブルでディフェンスに接近し、一度スピードを落とす。ディフェンスがストップしたのを見てドライブをしかける。
2. ディフェンスとの距離がない場合は、1～2バウンドですぐにドライブをしかける。1と2を繰り返し行い、体で違いを覚える必要がある。

1 ディフェンスとの距離が90cm前後のとき

2 ディフェンスとの距離がないとき

TRAINING 05　ランニングスピード

スピードを上げ、ディフェンスを引き離す

ピッチをあげてジグザグ走

ドリブルはもちろん、ターンオーバーでこちらのボールになったときなど、ランニングスピードはどんな局面でも要求される。ジグザグに走るトレーニングは、方向の変化にも対応できる力がつく。

1. 右の図のように、コート上に1〜3m間隔でコーンを置く。
2. コーンを避けるように、ジグザクにランニングする。
3. スピードがついてきたら、ボールを持って上体を起こしながら行うのも効果的である。

●コーン　→人の動き

POINT

方向転換するときに重要なのが足の運び方。腰を低くし、踏み込んだ足のつま先は進行方向に対して直角に向ける。反対側の足は進行方向に大きく踏み出す。

進行方向
つま先の向き

ジグザグ走のバリエーション

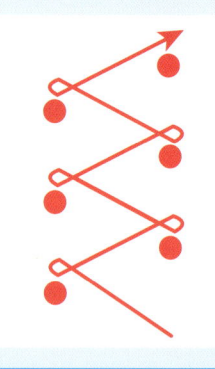

ジャンプストップとターンをとり入れる

1〜3mおきにコーンを置き、斜めにランニングする。そしてコーンまで来たらジャンプストップ＋フロントターン（リバースターン）を行い、再びランニングする。

●コーン　→人の動き

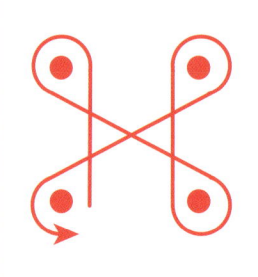

直線とカーブを組み合わせる

4つのコーンを1〜3m間隔に置き、コーナーに入ってもランニングスピードを落とさないように注意する。コーンが用意できないときは、コート上に描かれたサークルを使うのもいいだろう。

●コーン　→人の動き

走る方向を変えてランニング

走る方向に変化をつけるトレーニング。ここではスタートダッシュを意識して行い、動き出しの速さを身につけてディフェンスの一歩先を行くことが目的である。

マーカーの置き方

1. まずは2m間隔にコーンを置く。コーンの間をすばやく往復する。

2. コーンの配置をA B Cのように変えて行う。コーンの間は 5m、10mとのばしていく。

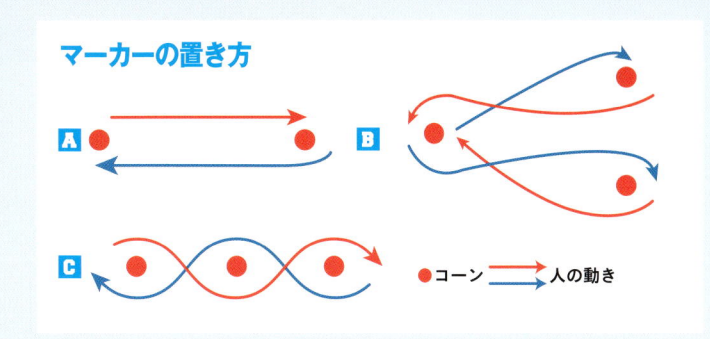

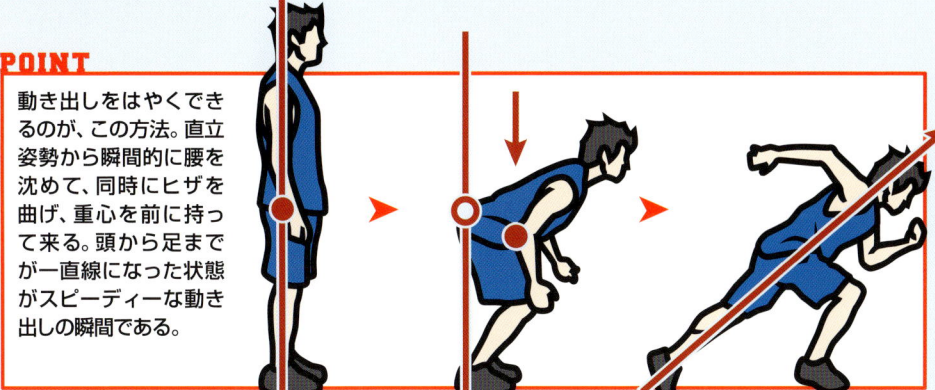

●コーン　→人の動き

POINT

動き出しをはやくできるのが、この方法。直立姿勢から瞬間的に腰を沈めて、同時にヒザを曲げ、重心を前に持って来る。頭から足までが一直線になった状態がスピーディーな動き出しの瞬間である。

スピンをとり入れたランニング

このトレーニングでは直線方向のランニングからターンを行い、方向転換する。動きの切り換え、スローダウンからストップ、スタートでの加速を身につける。

1. 5m間隔でA B Cとコーンを置く。

2. Aからスタートし、Cでダッシュして B へ向かう。B でターンをして A に戻る。

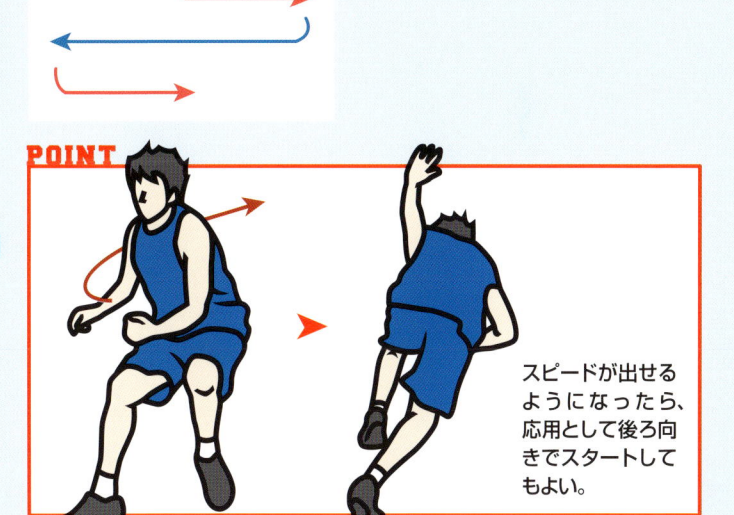

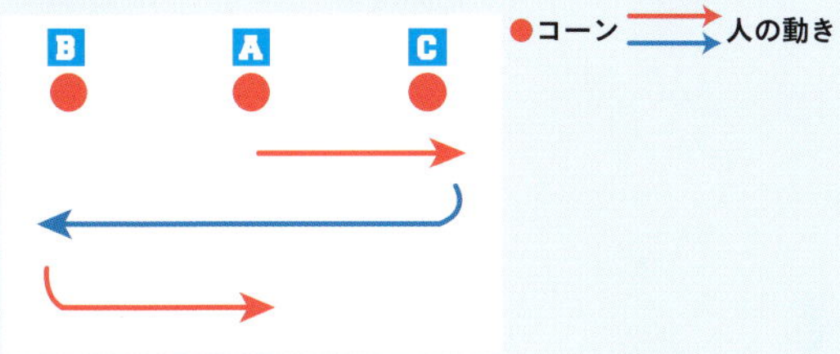

●コーン　→人の動き

POINT

スピードが出せるようになったら、応用として後ろ向きでスタートしてもよい。

COLUMN 3 ボールの構造

表面の素材の違い

ボールの表面素材には、天然皮革、合成皮革、ゴムの3種類がある。これらの素材の違いによってバウンドや手の感触も変わってくる。中学生以上の公式戦では天然皮革のボールが使用されている。これはボールを手にする時間が長く、他のスポーツと比べて手の感覚が非常に重要とされているためだ。天然皮革のボールは、使うほどにやわらかくなり、手になじむ。しかし、下ろしたてのときはすべりやすいという一面もある。一方、合成皮革のボールは下ろしたてでもすべりにくいが、使うほどにすべりやすくなる。

プレイを安定させる形状

これまでのボールと比較すると、溝（シーム）の深さが浅くなっている。真球に近づいたことで、ミートしたときの違和感が軽減され、次の動作にスムーズに移られるようになったのだ。

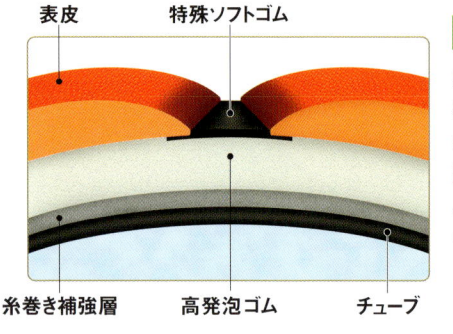

モルテン（GL7）（2008年）　これまでのボール

内部の構造

ボールは内側から、チューブ、糸巻き補強層、高発泡ゴム、表皮の4層で構成されている。この中で、バウンドに大きく関わっているのが高発泡ゴムである。この性能が高まったことで、ボールの内圧を下げても従来のボールとバウンドの高さが変わらない。内圧を下げることで、優れたグリップ性や耐久性を得ることができたのだ。さらに、リバンドスピードが上がり、強くバウンドさせると速く跳ね上がる。このことによって、ドリブルに緩急がつけやすくなっている。

表皮　特殊ソフトゴム
糸巻き補強層　高発泡ゴム　チューブ

ボール表面の秘密

モルテン（GL7）（2008年）

これまでのボール

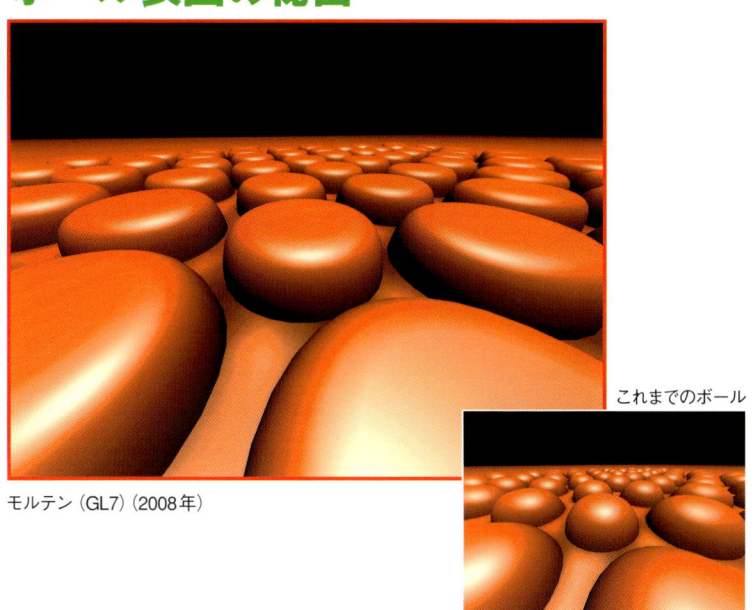

ボール表面には無数の凹凸がある。実はこんな細かな部分にも工夫がなされている。現在使用されているボールは、これまでのものよりも表面がフラットになっている。これにより、ボールと指との接地面が増えてグリップ性が高まっている。つまり、よりコントロールしやすいボールになっているのだ。よりよいプレイのために、ボールも進化しているのである。

メンテナンス方法

湿気は大敵
天然皮革のボールは、水分と直射日光に弱い。使用後は、乾いた布で汗をしっかりふき取り、日陰に置いておく必要がある。メンテナンス専用のクリーナーを使用するのもいいだろう。

空気圧調整

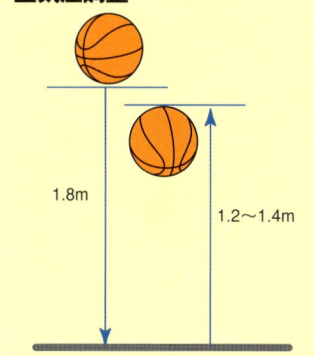

1.8m　1.2〜1.4m

ボールの空気圧の規格は、床より1.8mの高さから落下させたとき、1.2〜1.4mの高さまで弾む状態。これは空気圧で調節する。

最初のボールはサッカーボールだった!?

バスケットボールは、1891年にアメリカ・マサチューセッツ州スプリングフィールドの国際YMCAトレーニングスクールの教官であったジェームス・ネイスミスによって考案された。1891年12月21日に行われた、史上初のバスケットボールの試合で使用されたのはなんとサッカーボールであった。また、当時のルールでは、9人制でドリブルが禁止されていた。ポジションもガード、センター、フォワードの3つしかなかったというから驚きである。

4th Period FAKE!

フェイクを極める

ディフェンスはオフェンスの動きに対応しようと、常にプレイを予測している。そして、その予測を逆手にとって有利な状況をつくるのがフェイクである。ただ、使いすぎは逆効果。パターンを読まれ、余計に不利な状況を生み出してしまうこともある。フェイクを繰り出す効果的なタイミングは必ずマスターしたい。

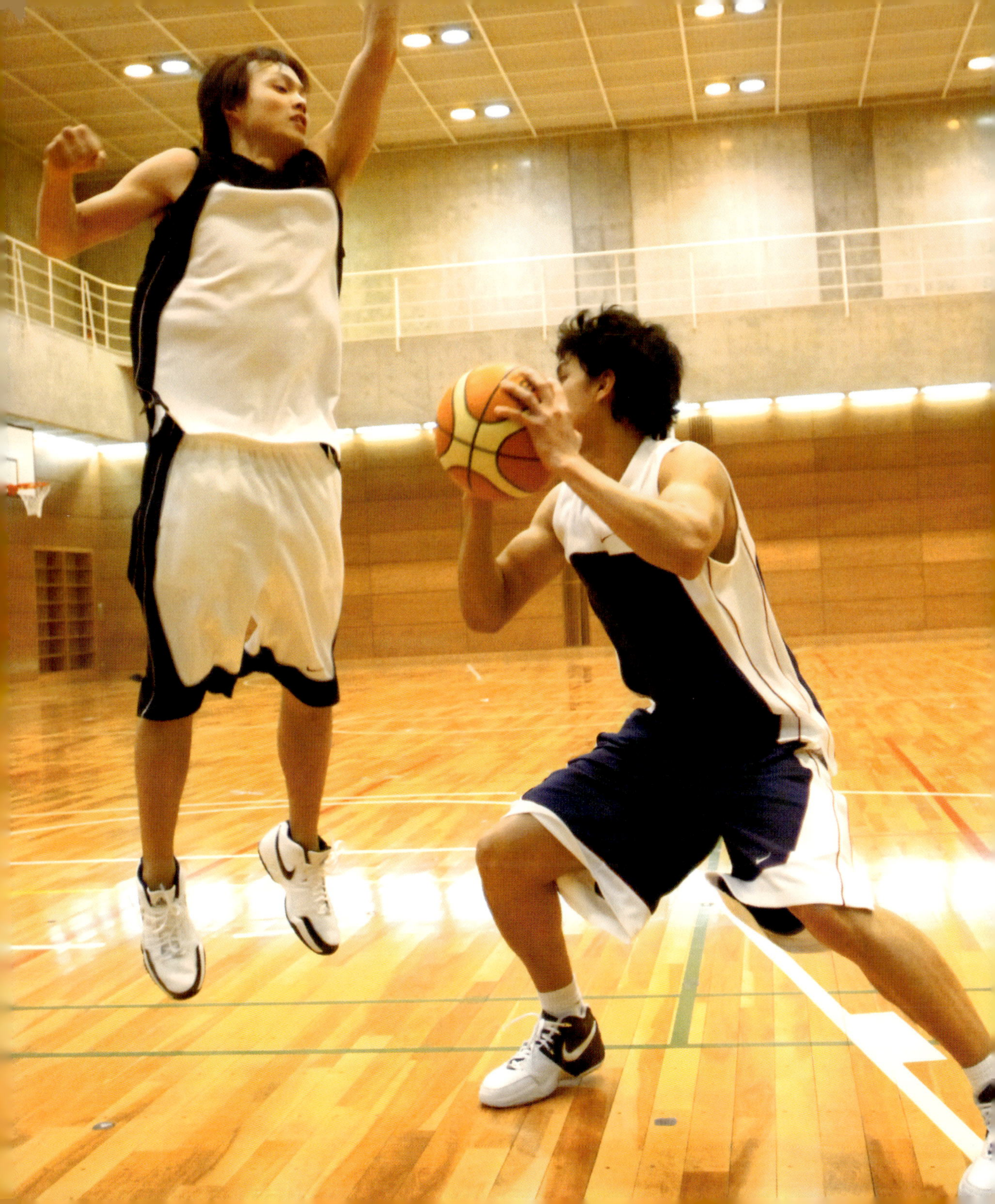

SHOT FAKE｜シュートフェイク
シュートモーションをコンパクトに

TSUKAMOTO LIVE TALK

自分のタイミングでシュートするためのテクニックです。ただし、ボールの持ちすぎは、フォームの乱れにつながります。練習にシュートフェイクをとり入れたシューティングを行いましょう。

8 シュートフェイクから自然に放てるよう、普段から練習しておく。

7 真上へ跳ぶ。体が前後にブレるとボールコントロールが乱れる。

6 ボールを持ちすぎると、タッチがぎこちなくなるので注意する。

5 ブロックに跳んだら、自分のタイミングでシュート。

スキルアップ SKILL UP

シュートフェイク→ドライブ

シュートフェイクからドライブの流れを覚えると、プレイの幅がぐっと広がる。ただし、シュート力あってのシュートフェイクということを忘れてはならない。

1 ターゲットハンドをして、ボールミート。

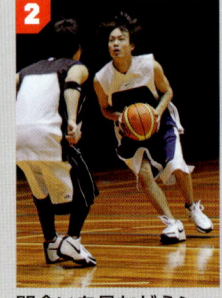

2 間合いを見ながらシュートモーションへ。

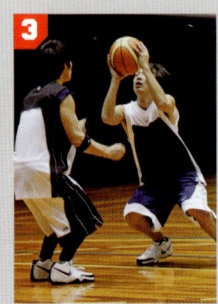

3 ボールをセット。ディフェンスを跳ばせる。

FAKE! フェイクを極める

POINT
シュートフェイクの効果
シュートフェイクは、シュート力があるほど効力を増す。つまり、ディフェンスに「打たれたら得点を決められる」と思わせることが重要なのだ。また、シュートフェイクは大きな動作の方が効果的だ。

START!

1 ボールミートしたら、すばやくシュートモーションに移る。

2 ジャンプシュートと同じ、自然なシュートモーションを心がける。

3 大事なのはヒザのタメ。ヒザがのびるとコンパクトに動けなくなる。

4 ボールを頭上に上げて、ディフェンスをブロックに跳ばす。

4 跳んだのを確認して、ドライブモーションへ。

5 左足を蹴り出してからのすばやい動作が大事。

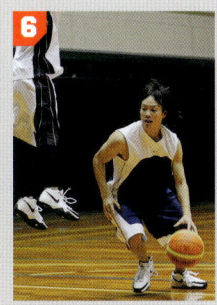

6 右肩を下げ、ディフェンスすれすれを抜く。

7 スティールに備えて、しっかりボールキープ。

8 状況を把握するため、常に顔を上げる。

ROCKER MOTION ｜ロッカーモーション
上体の上下運動でディフェンスを崩す

TSUKAMOTO LIVE TALK

ロッカーモーションは上体を上下へ揺さぶることで、ディフェンスの間合いを操るテクニックです。間合いができたら、最適な次の動作を瞬時に判断しなければならないのです。

1 右足を大きく前へ突き出し、ディフェンスにドライブを意識させる。

2 突き出した足と一緒に上体やボールも動かして、動作を大きくする。

POINT

ディフェンスのバランスを崩すには

足を突き出すときにボールも前へ出し、ディフェンスに低く鋭いドライブをイメージさせる。そうすれば、上体を起こした途端、ディフェンスはあわてて間合いをつめてくるだろう。そうなれば、あとはすばやく抜き去るだけだ。

上体だけでなく、ボールも動かす。

POINT

ディフェンスを観察

ロッカーモーションはディフェンスの反応を観察して動くことが重要。例えば、ディフェンスが体勢を崩したとき、ドライブなのか、シュートなのかを判断する。最初から動作を決めてかかると、柔軟に反応ができないので注意。

3 上体を起こす。ディフェンスは間合いをつめようとしてくる。

4 その瞬間、右足を蹴り出して低い姿勢でディフェンスを抜き去る。

5 ボールを前へ突き出し、一歩でディフェンスを抜き去る。

4th Period

FAKE! フェイクを極める

CHECK

上体を起こしているとき

ドライブへ移行したとき

ヒザのタメをキープ

上体の動きとは関係なく、下半身はいつでもドライブに移られる状態に。そのため、ヒザにタメをつくっておくことは非常に重要となる。

SHOULDER FAKE | ショルダーフェイク
全身を振ってコースを読ませない

TSUKAMOTO LIVE TALK

ショルダーフェイクは大きな全身の振りで、ディフェンスにドライブコースを予測させません。ディフェンスが左右どちらかに体勢や重心を傾けたら、あとはその逆サイドをドライブするだけです。

1 ドリブルしながらディフェンスと向かい合っている状態。状況を把握する。

2 小刻みなステップで肩を大きく振りながら、ディフェンスに近づいていく。

3 ディフェンスは左右どちらにドライブがくるのか、予測できていない状態。

CHECK
大きな肩の振りと小刻みなステップ

ショルダーフェイクは肩の振りとステップが最大のポイント。オーバーアクションでディフェンスを困惑させるくらいの気持ちが大事になる。

肩

ステップ

POINT

ディフェンスを抜ける理由

小刻みなステップや肩の大きな振りで、ディフェンスは左右どちらにドライブが来るか予測できていない。つまり、ディフェンスは両足で止まっている状態。その相手よりもステップを踏んでいるオフェンスの方が加速しやすく、そのため抜くことができるのだ。

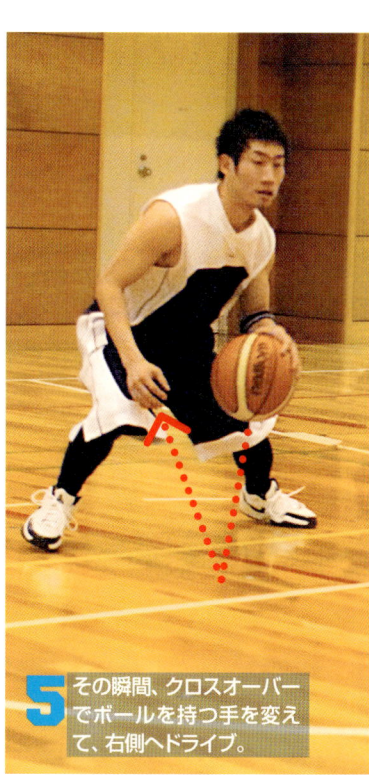

FAKE！ フェイクを極める

4 左側へ体勢を傾けたとき、つられてディフェンスも体勢を左側へ移す。

5 その瞬間、クロスオーバーでボールを持つ手を変えて、右側へドライブ。

6 ドライブするときは左肩を下げて、ディフェンスをすり抜けるようなイメージで。

STEP BACK ｜ステップバック
強く後ろへ跳び間合いをつくる

TSUKAMOTO LIVE TALK

鋭いドライブでディフェンスを抜きにかかったと思いきや、急に後ろへステップバック。ディフェンスが動きの変化に対応するのは困難でしょう。スコアラーを目指すなら必修となるテクニックです。

1 ディフェンスとの間合いを見ながら、ドリブルで抜きにかかる。

2 ディフェンス側へ突き出した足を軸に、すばやく後ろへステップ。

JAB STEP ｜ジャブステップ
足の運びでディフェンスをだます

TSUKAMOTO LIVE TALK

ジャブステップはディフェンスと向き合った状況で、間合いをつくるのに有効です。軸足でない足を動かせば、ディフェンスはドライブを警戒して一歩後ずさるでしょう。

1 トリプル・スレットの姿勢で、ディフェンスに次の動きを予測させない。

2 軸足でない足を突き出し、ディフェンスにドライブを意識させる。

4th Period
FAKE! フェイクを極める

3 足を突き出した分だけ間合いが生まれる。

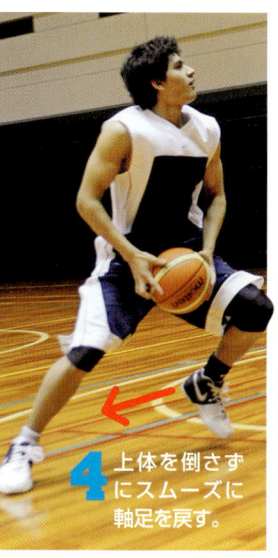

4 上体を倒さずにスムーズに軸足を戻す。

5 すばやくシュートモーションへ移る。

6 自分のタイミングで、ボールをリリースする。

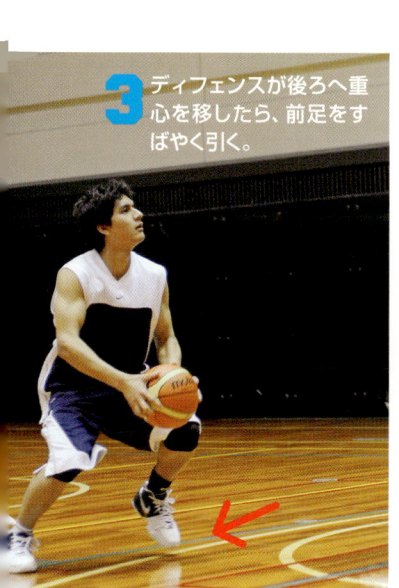

3 ディフェンスが後ろへ重心を移したら、前足をすばやく引く。

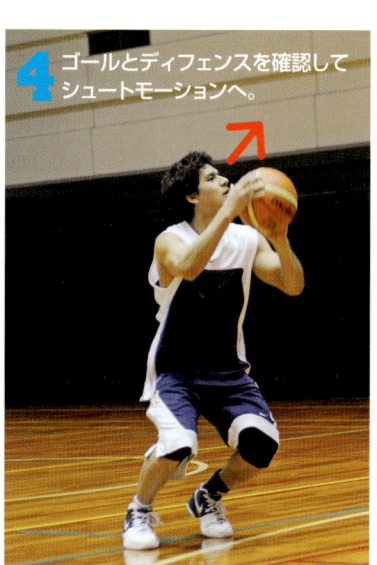

4 ゴールとディフェンスを確認してシュートモーションへ。

5 ゴールから目を離さず、しっかりフォロースルーをする。

119

SPIN FAKE | スピンフェイク
ヒザのタメでボディコントロール

TSUKAMOTO LIVE TALK

ドリブル中にリバースターンをミックスさせて、ディフェンスのマークを振り切るテクニックです。ターンしてもブレないボディコントロールが必要となるので、練習でマスターしておきましょう。

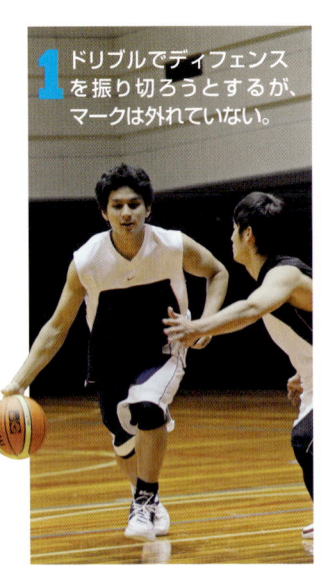

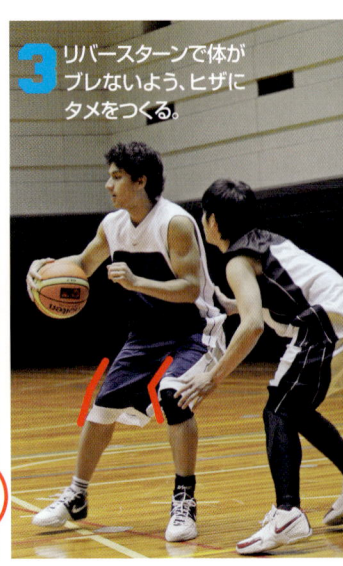

1 ドリブルでディフェンスを振り切ろうとするが、マークは外れていない。

2 左足をディフェンス側へ突き出し、リバースターンの動作へ移る。

3 リバースターンで体がブレないよう、ヒザにタメをつくる。

DROP STEP | ドロップステップ
縦に軸足をすべらせる

TSUKAMOTO LIVE TALK

インサイドでディフェンスを背負った状態。ドロップステップはそこから瞬時にフリーのスペースをつくることができます。得点に直結するため、必ず覚えておきたいテクニックです。

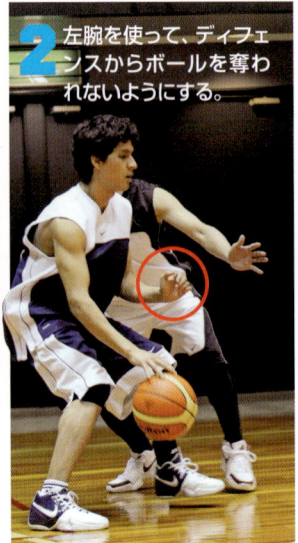

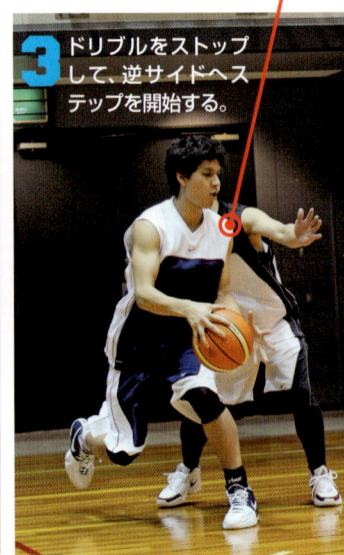

1 ディフェンスのプレッシャーに負けず、ドリブルしながら押し込んでいく。

2 左腕を使って、ディフェンスからボールを奪われないようにする。

3 ドリブルをストップして、逆サイドへステップを開始する。

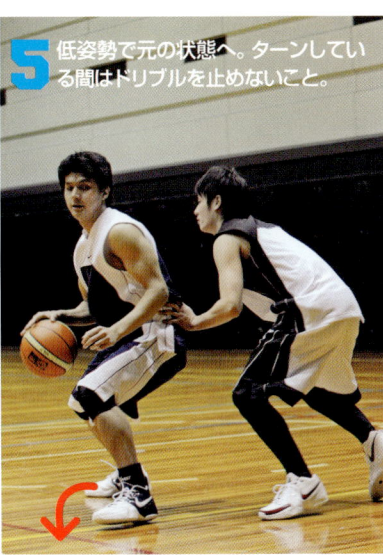

4 ディフェンスの重心はターンした方向へ傾いている。

5 低姿勢で元の状態へ。ターンしている間はドリブルを止めないこと。

6 左肩でディフェンスをブロックしながら、すばやく前へドリブルする。

FAKE! フェイクを極める

POINT

ディフェンスを押し込む ディフェンスを押し込んで、ステップを行う。密着した方が、ディフェンスの動きを体でブロックすることができる。

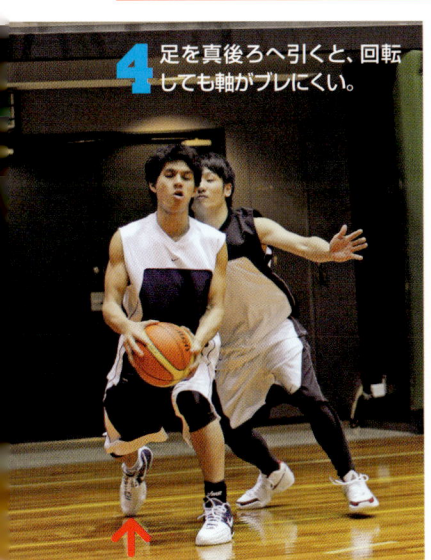

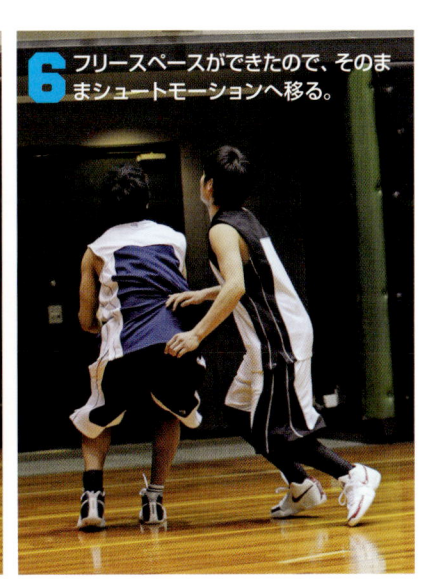

4 足を真後ろへ引くと、回転しても軸がブレにくい。

5 背中でディフェンスをブロックしながらステップする。

6 フリースペースができたので、そのままシュートモーションへ移る。

SWAY BACK | スウェイバック
力の抜き差しでポジション確保

TSUKAMOTO LIVE TALK
自分のタイミングで1on1をするには、いいポジションでボールミートすることが重要。スウェイバックはそのためのテクニックであり、オフェンスリバウンドのときなどにも有効なテクニックです。

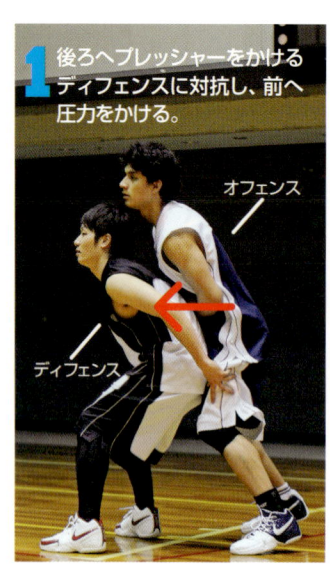

1 後ろへプレッシャーをかけるディフェンスに対抗し、前へ圧力をかける。

2 圧力をかけるほど、ディフェンスもプレッシャーをかけてくる。

3 圧力をかけるのを止めて、上体を引く。

FAKE & GO | フェイク&ゴー
サイドステップでディフェンスをかわす

TSUKAMOTO LIVE TALK
切れ味鋭いサイドステップを武器に、ディフェンスを左右へ揺さぶります。そして、ここが勝負とばかりに瞬間的にディフェンスの前へ出れば成功です。スウェイバックとセットで覚えると、より効果的です。

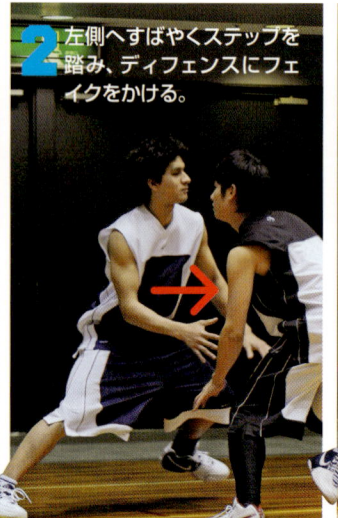

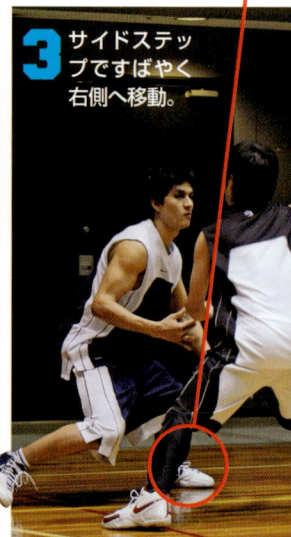

1 ディフェンスと向かい合っている状態。これではボールミートすることができない。

2 左側へすばやくステップを踏み、ディフェンスにフェイクをかける。

3 サイドステップですばやく右側へ移動。

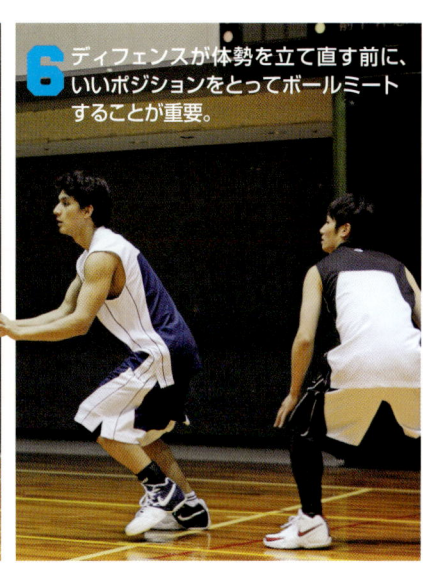

4 ディフェンスがバランスを崩した瞬間を狙ってすばやく前へ出る。

5 低姿勢でディフェンスを抜き、ターゲットハンドでボールがほしい位置をパサーに伝える。

6 ディフェンスが体勢を立て直す前に、いいポジションをとってボールミートすることが重要。

POINT

サイドステップの重要性 ディフェンスの重心を崩して前へ出るには、キレのあるサイドステップが必要だ。練習のときから試合を意識するように。 サイドステップはP133参照。

4 ディフェンスの重心が崩れている間に、前へ出ることが重要になる。

5 一気にディフェンスを引き離す。ターゲットハンドで、ボールのほしい位置をパサーへ伝える。

6 ボールミートすると同時に、状況を把握する。そして、瞬時に次の動作を判断しなければならない。

V CUT | Vカット
ディフェンスをインサイドへ押し込む

TSUKAMOTO LIVE TALK

理想的なポジションでパスを受けたいとき、オフザボールの動きが鍵になります。例えば、Vカットはインサイドへディフェンスを押し込み、アウトサイドでパスを受けるテクニックです。

POINT

押し込むイメージ
ディフェンスのマークのタイミングを崩すため、ここでしっかり左足を踏み込む。

1 START! ディフェンスにマークされた状態で、インサイドへ移動する。

2 重心をインサイドへ傾けて、ディフェンスの足を止める。

3 ここからアウトサイドへ駆け抜け、ディフェンスを振り切る。

4 ターゲットハンドでパサーにボールがほしい位置を伝える。

5 ディフェンスに追いつかれるので、スピードは緩めないこと。

6 ボールミートしたら、すばやくシュートモーションへ移る。

L CUT | Lカット
キレのある方向転換で振り切る

TSUKAMOTO LIVE TALK

ディフェンスの激しいマークから抜け出したいとき。ハイポストへ上って、アウトサイドへ抜けるLカットがベストチョイスです。フォワードがよく使うテクニックですね。

4th Period

FAKE! フェイクを極める

5 ターゲットハンドでパサーにボールがほしい位置を伝える。

6 シュートモーションに移りやすい体勢で、ボールをミートする。

4 直線的にアウトサイドへ駆け抜け、ディフェンスを振り切る。

3 ポストアップと見せかけて、インサイドへディフェンスを押し込む。

2 わざとゆっくり動いて、ディフェンスを油断させるのも効果的。

START!

1 ディフェンスにマークされた状態で、ハイポストへ上がる。

POINT
ボールミートの姿勢
リバースターンの動きで、シュートモーションにスムーズに移るようにする。

I CUT | Iカット
ボールミートと思わせる演技力

TSUKAMOTO LIVE TALK

Iカットはゴール下にフリースペースを生み出します。つまり、ディフェンスを振り切ることができれば、そのまま得点を狙える魅惑のテクニックなのです。覚えておいて損はありません。

POINT
ボールミートのしぐさ
ディフェンスがパスを阻止しようとした瞬間、ここがゴール下へ駆け出すタイミングとなる。

3 ディフェンスはパスが来ると思い、パスコースを塞ごうとする。

4 その瞬間、ディフェンスの背後からゴール下へ一気に駆け出す。

5 ターゲットハンドでボールがほしい位置をパサーに伝える。

2 ゆっくりと移動して、ディフェンスを油断させる。

START!
1 ディフェンスにマークされた状態でウイングポジションへ移動する。

C CUT｜Cカット
緩急をつけて大きく回り込む

TSUKAMOTO LIVE TALK

大きく弧を描くように動くCカット。ディフェンスにとってゴールから遠ざかる動きはマークしにくく、コースも読みづらいため、非常にやっかいなテクニックといえます。

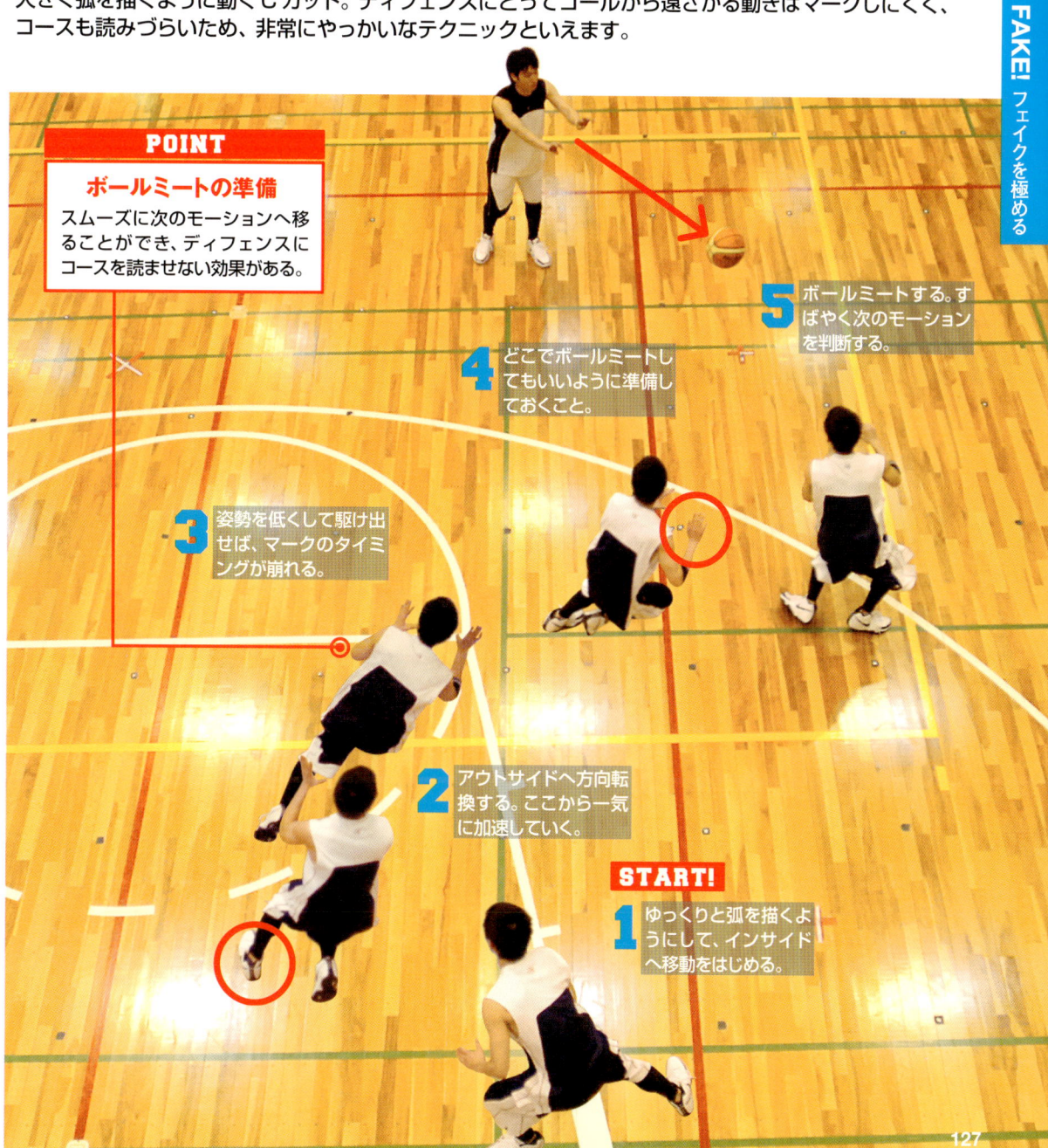

POINT
ボールミートの準備
スムーズに次のモーションへ移ることができ、ディフェンスにコースを読ませない効果がある。

1 ゆっくりと弧を描くようにして、インサイドへ移動をはじめる。 **START!**

2 アウトサイドへ方向転換する。ここから一気に加速していく。

3 姿勢を低くして駆け出せば、マークのタイミングが崩れる。

4 どこでボールミートしてもいいように準備しておくこと。

5 ボールミートする。すばやく次のモーションを判断する。

4th Period　FAKE! フェイクを極める

TRAINING GIDE | FAKE!
確実にフェイクを成功させる

フェイクで重要となるのがスピードや方向の切り換えだ。せっかくディフェンスにフェイクをかけても、次の動きで追いつかれては意味がないのだ。ここでは主にクイックネスを身につけるトレーニングを行う。

TRAINING 01　ターンスタート＋方向転換ランニング

方向転換からのスタートスピードを身につける

ターンからのスタートダッシュ

1 スタートラインに後ろ向きに立つ。このとき、両足は肩幅に開く。

2 スタートと同時にすばやくフロントターンをする。バックターンをとり入れてもよい。

3 一歩目を大きく踏み出すことがスピードアップにつながる。

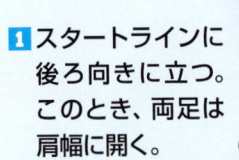

方向転換ランニング

1 スタート位置から3〜5mのところにマーカーを置く。スタートしてからマーカーまでは横方向に走る。ラダーがある場合はラダーを使用し、ラダーを抜けるまで横方向に走る。

2 マーカーまで来たら（ラダーを抜けたら）、進行方向を縦に切り替えて加速する。

POINT

横方向に走るときは、図のように足を運ぶ。8歩目の足で、縦方向に切り替えを行う。

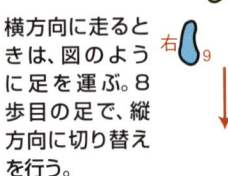

※ラダーとは、はしごのような形状のトレーニング器具。

TRAINING 02　ドリブルストップ＋フロントターン＋シュート

基本姿勢を保ってシュートへ持ち込む

ディフェンスが迫っていると、あわててしまいフォームが崩れてしまうことがある。このトレーニングでひとつひとつの基本姿勢をしっかり体に覚えさせる。そうすることで、ディフェンスが迫った状況でも正しいフォームでシュートまで持ち込むことができるのだ。

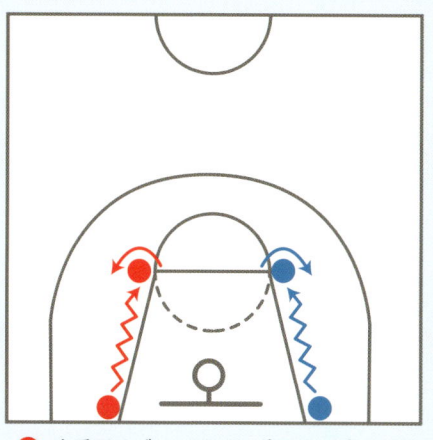

1. エンドラインからハイポストへドリブルで移動する。
2. フリースローラインまで来たら、ジャンプストップ（もしくはスライドストップ）。
3. ジャンプストップ後、すぐにフロントターン（もしくはリバースターン）してゴールにスクエアアップする。
4. 数回ピボットステップを踏んでからジャンプシュート。またはドライブしてからレイアップシュートを行う。

● 左手ドリブル→ジャンプストップ→フロントターン→フェイク→シュート
● 右手ドリブル→スライドストップ→リバースターン→フェイク→シュート

エンドラインからフリースローラインへ

POINT
スライドストップは、1ステップ目でスピードを落とし、2ステップ目でストップする。

ターンからシュートへ

POINT
片方の足は床との接点を変えず、反対の足を何度も様々な方向に踏み出すピボット。軸足にしっかり体重をかけると動きがスムーズになる。

TRAINING 03　チェンジオブペース＋チェンジオブディレクション

左右にすばやく方向を変える

左右に方向を変えるチェンジオブディレクションと、速度を変化させるチェンジオブペース。ボールを持たずにこれらの動きを習慣づけるトレーニングを行う。

1 ディフェンスにゆっくりと近づく。このトレーニングではボールを持たない。

2 ディフェンスの足の間に1歩踏み込む。

3 左側にフェイクを仕掛ける。ディフェンスが反応しない場合は、そのまま左に走り抜ける。

4 3で仕掛けたフェイクにディフェンスが反応したら、すばやく右側に走り抜ける。

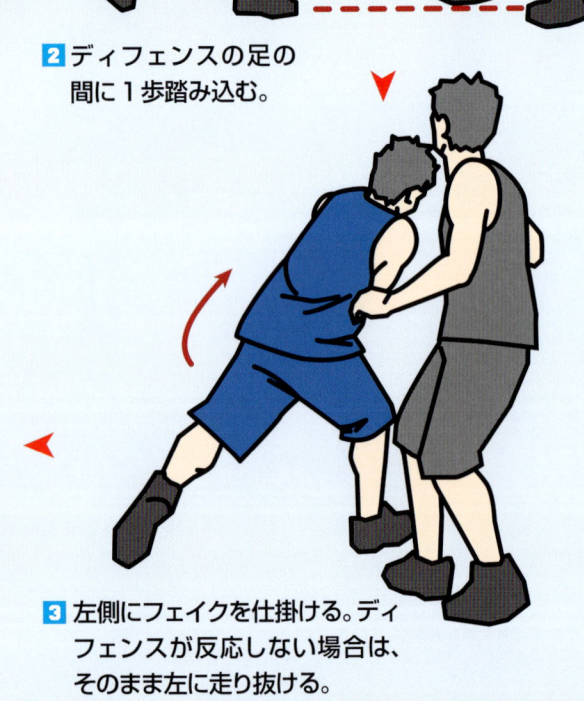

POINT
ディフェンスに走って近づくと、ディフェンスも同じスピードで走る。そこで突然ストップしてディフェンスを抜くこともできる。

TRAINING **04** ダブルチームに対するフェイク

ディフェンスの間を抜く

2人のディフェンスに囲まれるダブルチーム。そのプレッシャーで的確にボールキープができなくなるプレイヤーが多い。ここではダブルチームに対する攻撃プレイを理解する。

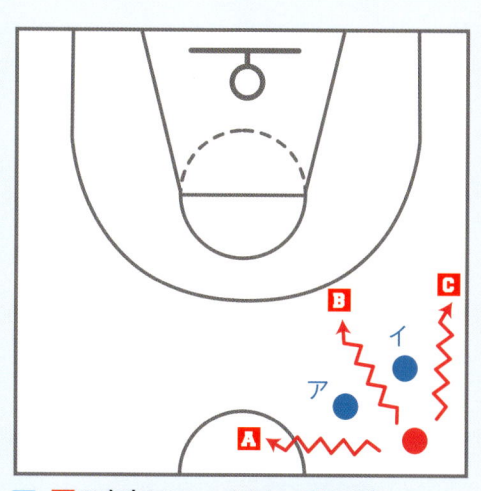

1 **A**の方向にフェイクし、アのディフェンスが反応したら**B**の方向に抜ける。反応しなければ**A**の方向に抜ける。

2 **C**の方向にフェイクし、イのディフェンスが反応したら**B**の方向に抜ける。反応しなければ**C**の方向に抜ける。

POINT
フェイクを仕掛けるときは、どんなフェイクをすればどのようにディフェンスが反応してくるのか確かめながら行う。

〈ボールフェイク〉
ボールを使ってのフェイクは、パス動作をボールを手から離さずに行う。ボールを上下左右に移動させてディフェンスを揺さぶる。

〈ボディフェイク〉
体全体を使うボディフェイク。両足を肩幅より広く開き、ボールを低い位置でキープ。左右にボールを動かすと同時に体をリズミカルに動かす。

〈フットフェイク〉
片足を軸にして、反対の足を前、左、右、後ろの4方向へ動かす。この動きとボディフェイクやボールフェイクを組み合わせる。

〈ダブルフェイクモーション〉
右、左、右、左とダブルにフェイクしてディフェンスの反応を誘う。この動作をリズミカルに行うためにも、ボールフェイク、ボディフェイク、フットフェイクの個々の動きを確実に身につける必要がある。

TRAINING 05　ムービングレシーブドリル

オフザボールでフェイクを有効に

個人技をステップアップするために重要なムービングレシーブ。レシーブとフェイクを同時に行い、ドライブやシュートにつなげる。攻撃チャンスを生み出すために身につけておきたい動きだ。

ムービングレシーブに強くなる

まずはムービングレシーブのひとつひとつの動きを確認する。ジャンプストップと同時にフェイクを仕掛け、ディフェンスの反応を確かめながら次のプレイを選択する。

パサー
→ 走行　---→ パス

1 ボールが来る方向に向かって移動する。

2 ボールをミートしたら、必ずジャンプストップ。重心を両足の間に置き、ヒザを曲げてストップ。

POINT
両足同時に着地する。1ステップ目で着地、2ステップ目でドライブ、もしくはシュートに入る。無駄足を排除することが重要。

3 ストップすると同時に、フェイクを仕掛けてディフェンスを誘う。

4 ディフェンスの動きを見てドライブするのか、シュートを打つのか瞬時に判断して次のプレイに移る。

アウトサイドでのムービングレシーブ

ムービングレシーブのリズムをつかんだら、ボールをレシーブする位置を変化させてトレーニングを行う。レシーブする位置によっていくつかのプレイが選択できる。

----→ パス

〈A方向でレシーブするとき〉

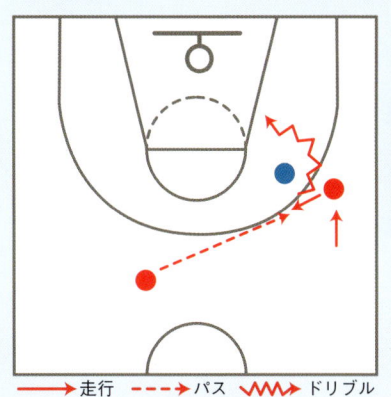

Aの方向にパスをもらう場合、ディフェンスは同じ方向に動いてくる。そこでエンドライン側にドライブしてディフェンスを抜く。

——→ 走行　----→ パス　〰〰〰 ドリブル

〈B方向でレシーブするとき〉

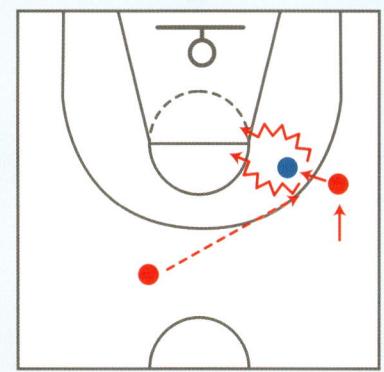

B方向にパスをもらう場合、ディフェンスに積極的に接近する。そうすることで左右どちらにもドライブができる。

〈C方向でレシーブするとき〉

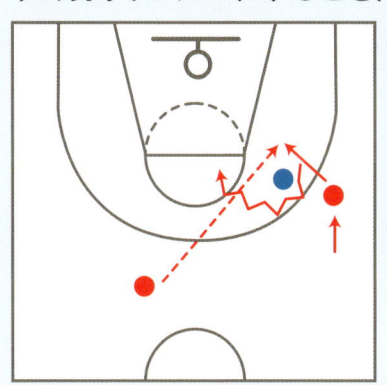

パスをもらおうとしてC方向に動くと、ディフェンスも同じ方向に反応して動く。そこで逆のミドル方向へドライブしてかわす。

POINT

フェイクをしかけた方向にディフェンスが反応するのは、しかけてから0.1秒ほど遅れてから。そのため反応した逆サイドがオープンになる。その一瞬が突破口となる。

> 0.1秒ほど遅れて反応

TRAINING 06 スタンディングツイスト／ステップツイスト

スピンスピードを上げる

方向転換で必要なのは股関節をやわらかくすることと、切り換えのスピードをアップさせること。ここではスタンディングツイストで股関節をひねり、ステップツイストで切り換えのスピードを鍛える。

スタンディングツイスト

1. 両足を肩幅に広げ、ヒザを曲げて腰を落とす。
2. かかとを上げ、骨盤をできるだけ固定したまま、右にツイストさせる。体の軸がブレないように気をつける。
3. 2の姿勢から再び1の姿勢に戻る。
4. かかとを上げ、2と同じように骨盤をできるだけ固定し、左にツイストさせる。

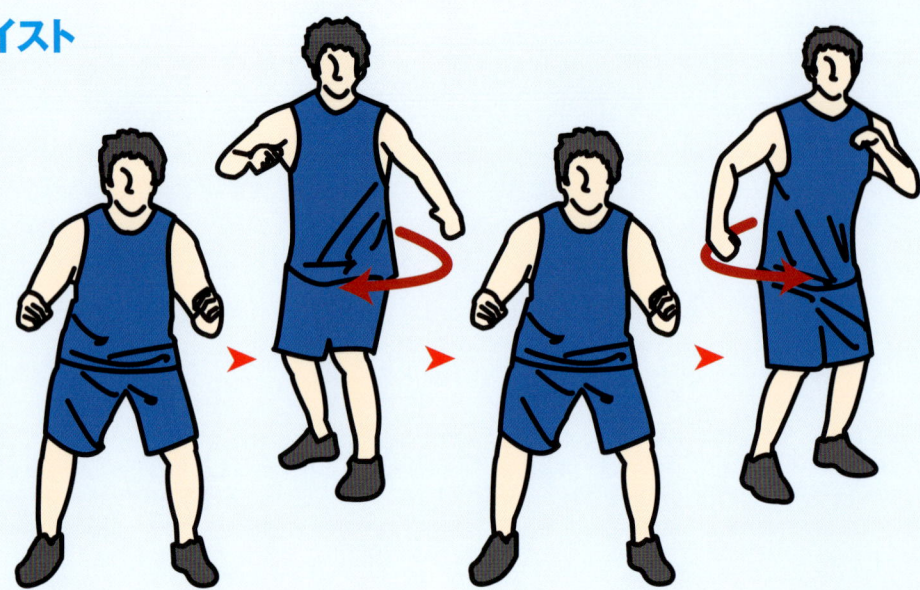

ステップツイスト

1. 足元に十字のラインをマークする。縦のラインをまたぐように、両足を肩幅に広げ、腰を落とす。
2. ジャンプすると同時に体をひねり、横のラインをまたぐように着地する。これをすばやく繰り返す。

ステップの踏み方

1. 十字にマークをした縦のラインをまたぐように、両足を肩幅に広げて立つ。
2. ジャンプと同時に体を左にひねり、横のラインをまたいで着地する。すぐに再びジャンプして、もとの位置へ戻る。これを繰り返す。

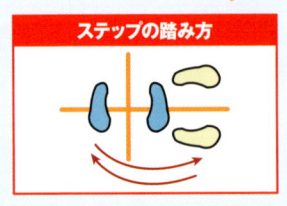

ステップの踏み方

TRAINING 07　スライドステップ＋クロスステップドリル

サイドステップの幅を広げ、フェイク成功率を上げる

幅の広いステップをすばやく行うことができれば、ディフェンスは大きく揺さぶられる。このトレーニングを行うときは、とくにスタートの一歩目を大きくすばやく踏み込むよう意識する。

1. エンドラインからフリースローラインまで、スライドステップで全速力で進む。アウトサイドの足でラインをタッチし、すぐに逆方向へ進み、往復する。

2. エンドラインからクロスステップでフリースローラインまで進む。アウトサイドの足でラインをタッチしたら、逆方向へ進んで往復する。

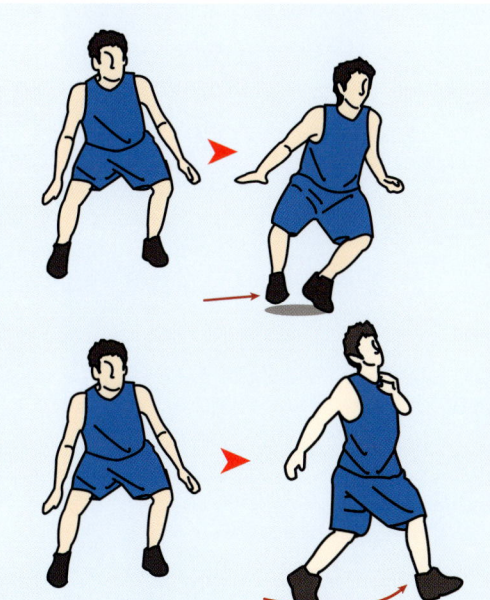

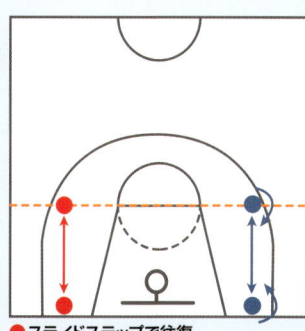

● スライドステップで往復
● クロスステップで往復

POINT
進行方向側にある足を外側に大きく踏み出す。そのとき、つま先が常に進行方向に向くように意識する。

TRAINING 08　サーキットトレーニング

試合が終わるまで戦える持久力をつける

試合では、最後の瞬間までディフェンスはボールを奪いにやってくる。どんなにタフな相手でも、最後まで力を発揮できるように持久力をつける。

コート上に4つのコーンを置き、コーンとコーンの間の直線は全速力で走る。コーンごとにツイストやターンを行い、動きを変化させることで、スピードの切り替えも身につく。

POINT
サーキットトレーニングでは休み時間を正しくとることが重要。20秒のトレーニングならば20秒×3倍＝1分間の休憩をとる。2、3分のトレーニングならば、1：2の割合で休憩を長くとる。

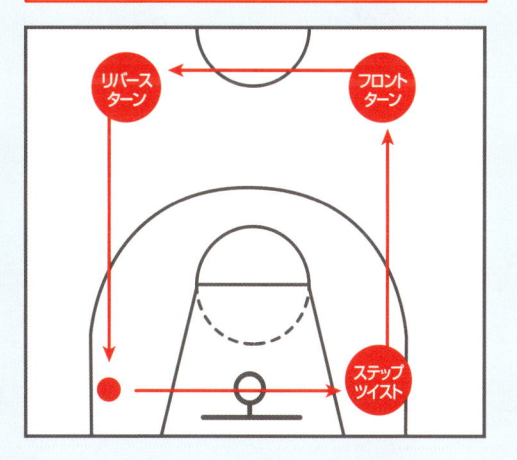

リバースターン　フロントターン　ステップツイスト

COLUMN 4 最強スコアラーの条件 vol.1

KOBE BRYANT
コービー・ブライアント

PROFILE

身長	198cm
体重	93kg
ポジション	SG
生年月日	1978年8月23日
国籍	アメリカ合衆国

2006年2月22日、トロント・ラプターズ戦でコービーは歴史的な大記録を打ち立てた。チームは2連敗中、試合は20点近くのビハインド。コービーは自らの力でチームの波を引き寄せようと、81得点をあげてチームを大逆転させた。それでは、コービーの魅力は何なのだろうか?

そのひとつとしてあげられるのが、メンタリティーの強さ。コービーのシュートが不調だったときのことである。彼はボールの回転が以前と違い、右方向にずれていることに気づいた。そして、夏の間だけで10万本ものシュートを決める練習をしたのである。

1試合に100得点をあげたスコアラーがいた!

ウォルト・チェンバレン

1962年3月2日、ニューヨーク・ニックス戦で1試合100得点という偉業を達成し、生涯平均得点30.06点、通算30,000得点という大記録を持っている。なぜ、彼が歴史に残るスコアラーになれたかというと、ただ大きいだけでなく、ジャンプ力、クイックネス、スタミナとマルチな能力を持っていたからである。彼は他のセンターに比べてひと回り大きく、NBA史上初の動けるビックマンだったのだ。

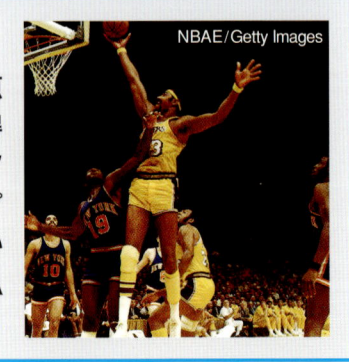

JASON KIDD
ジェイソン・キッド

PROFILE

身長	193cm
体重	95.3kg
ポジション	PG
生年月日	1973年3月23日
国籍	アメリカ合衆国

キッドは効率的なパスをチームメイトに配給し続け、チームの得点能力を向上させる。それは「キッドとプレイすると、バスケットボールが簡単になる」と称されるほど。さらに、彼の優れた能力はドリブルやパスにとどまらない。リバウンドやスコアリングも他のPGプレイヤーに比べて高いアベレージを誇る。また、ディフェンス能力も高く、相手の動きを先読みし、未然に防ぐことができる。つまりキッドは、攻守にわたって試合を支配するプレイヤーなのだ。

EMANUEL GINOBILLI
エマニュエル・ジノビリ

PROFILE

身長	198cm
体重	93kg
ポジション	SG
生年月日	1977年7月28日
国籍	アルゼンチン

大きなステップで狭いスペースに入り込み、2歩目で方向転換してディフェンスの逆をつく。その変幻自在なドライブこそが、ジノビリの最大の魅力といえる。また、ディフェンスの股下にボールを通す股抜きやボールのバウンドの高低差を利用したパンチ・ドリブルなど、ドリブルのバリエーションも豊富である。独特なリズムに多彩なテクニックが融合された動きは予測不能。まさにディフェンス泣かせというにふさわしいプレイヤーである。

🏀 Time Out MENTAL!

メンタルを鍛える

どんなに優れたテクニックを持ったバスケットボールプレイヤーでも、試合でその力を発揮できないのでは意味がない。そこで毎日のトレーニングにとり入れたいのがメンタルトレーニングだ。もし、今自分のプレイに不安や悩みがあるのなら試してみるといい。そうすることできっと自信を持ってプレイできる日も近いだろう。

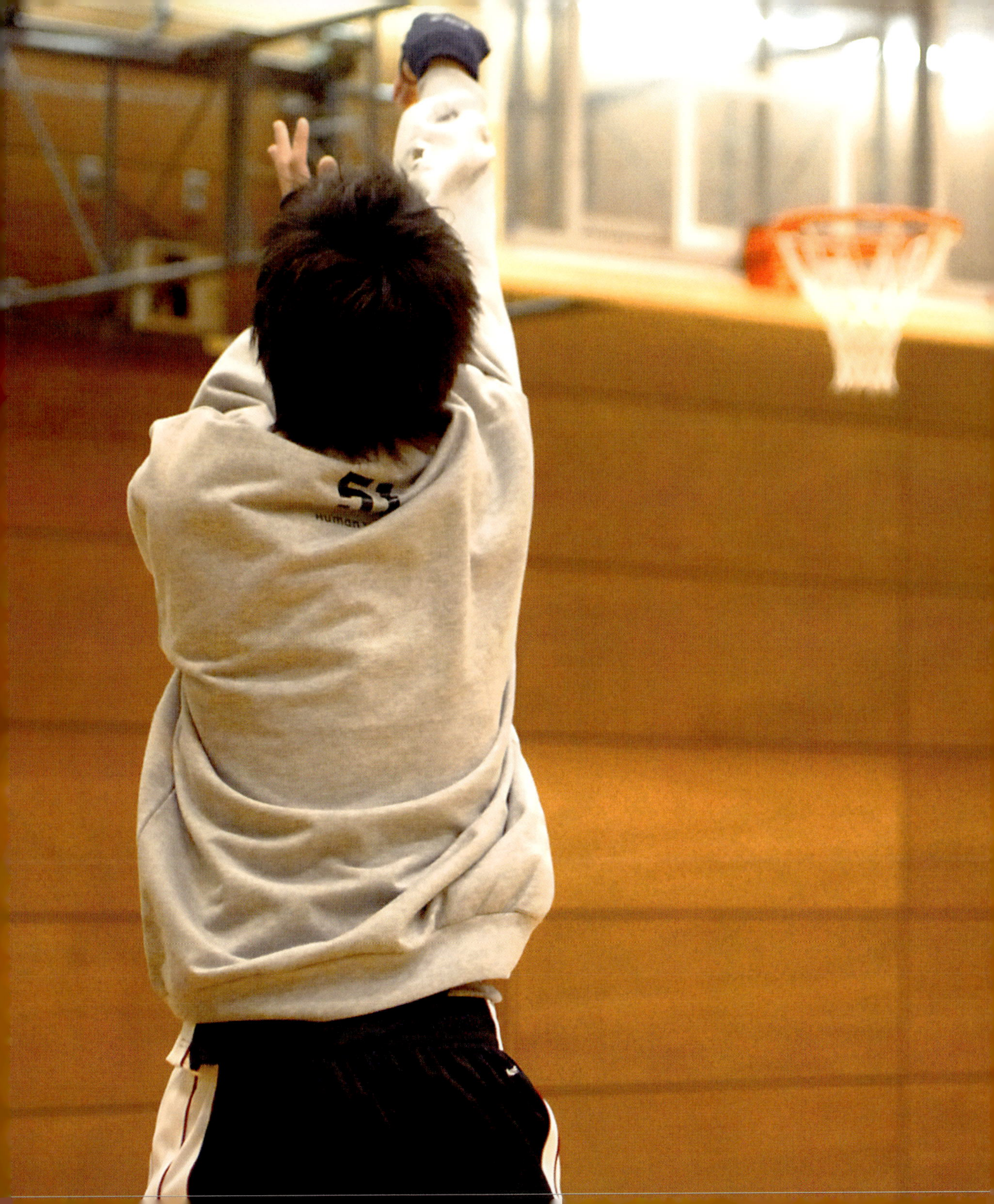

IMAGE TRAINING ｜イメージトレーニング
フリースロー成功率を上げる

フリースローにとって、プレッシャーは最大の敵となる。ここではフリースロー成功率を上げるため「イメージする力」を鍛える。優れたプレイヤーほど、自分のプレイをイメージする能力を持っているのだ。

フリースローが難しくなる理由

フリースロー失敗の原因

- シュートリズムが乱れる
- アップダウンに弱い
- メンタルが弱い

シュートリズムの乱れは、ランニングの直後にシューティングを行うなどのテクニカルな練習で克服できる。心肺機能が弱く、アップダウンに体がついていかない場合は、シュートに集中できる状態をつくり、ボールを長く持ちすぎないよう注意する。メンタルが弱い場合は、自分に対するプレッシャーを克服しなければならない。これにはイメージトレーニングが有効である。

⌄

フリースローはレイアップシュートの次に簡単?!

フリースローはディフェンスのいないレイアップシュートの次に簡単なシュートといわれている。それは、4m60cmという常に同じ距離から止まった状態でシュートが打てるということ。ディフェンスにブロックされる心配がなく、体をリラックスさせて自分のリズムでシュートができるためである。

ADVICE
ボールの持ちすぎはNG

シュートモーションに時間をかけすぎると、体が強ばってボールをこねてしまうなど、シュートがぎこちなくなりがちである。練習と同じように自然にシュートを打てるようになることが重要。

イメージトレーニングの準備

STEP1
体をリラックスさせる

ここでは、筋肉が強ばるくらい力を入れた状態から、一気に力を抜くトレーニングを行う。これによって緊張しているときも、簡単にリラックスできるようになる。

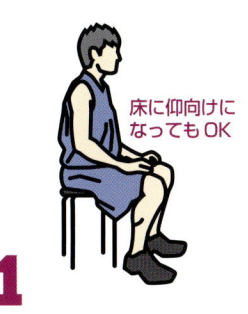

1 イスに腰かける。または、床に仰向けになってもよい。（床に仰向けになってもOK）

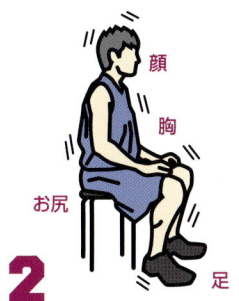

2 目を閉じ、心の中で「足、お尻、胸、顔」と順番につぶやきながら、力を入れていく。

3 筋肉が強ばるほどの緊張状態に達したら、5秒ほどキープして、力を抜く。

4 1〜3を3回行ったら、お腹をふくらませて5秒息を吸う。（5秒吸う）

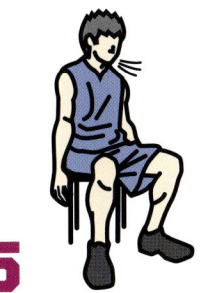

5 お腹をへこませて10秒息を吐き、腹式呼吸を行う。

ADVICE 「リラックス」をイメージする

慣れてきたら「息を吐いて余分な力が抜ける」と心の中でつぶやくなど、リラックスしている様子を思い浮かべる。

STEP2
集中する

イメージトレーニングに集中力は必須だ。背筋をのばしてイスに座り、体の「臍下丹田（せいかたんでん）」と呼ばれる場所に気がおさまっているイメージを持つ。

ADVICE 臍下丹田（せいかたんでん）に気を込める

右手の親指を臍（へそ）にあて、右手のひら全体をお腹にあてたとき、右小指が触れている部分の奥の方が、臍下丹田。

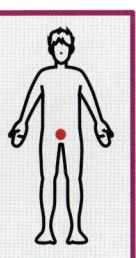

Time Out / MENTAL! メンタルを鍛える

イメージトレーニングする

イメージトレーニングを成功させるためには、フォームをイメージするだけでは不十分だ。優れたプレイヤーの場合、プレイの音や感覚までイメージすることができるという。

1 具体的な目標を決める

イメージトレーニングの目的は「目標に到達」である。そのために、具体的な目標を決めておくことが必要となる。向上させたい特定のスキルやコート上での冷静さなど、目標は具体的であるほど達成されやすくなる。

2 成功をイメージする

シュートミスなどのマイナスイメージを持っていると、実際のプレイも悪くなってしまう。成功のイメージをその感覚とともに思い描くことで、体がその体験を覚えていくのだ。その結果、自分の力を引き出すことができる。

3 鮮明なイメージを持つ

イメージは、周囲の情景やボールの感触、重さ、ボールがネットをこする音までを思い描く。具体的なイメージをすることで、体にその経験を覚えさせる。

・周囲の情景
・ボールがネットをこする音
・ボールの感覚

4 シュートするたびにイメージする

試合のときだけでなく、日頃の練習からこのイメージトレーニングを行うようにする。例えば、シューティングとそのイメージを交互に行うのもよいだろう。

シューティングのメンタルトレーニング
イメージに音をプラス

イメージトレーニングをはじめたばかりのときは、ボールの感覚やリズムなどをイメージすることに苦戦する場合が多い。そのときに試してほしいのが、イメージに音をプラスする方法だ。ボールがバウンドする「ダムダム」という音や、ゴールを通過したときの「シュッ」という音を入れることでより鮮明なイメージをすることができるだろう。

3Pシュートのメンタルトレーニング
試合中に起こるパターンをイメージ

3Pシュートが苦手な場合は、試合中に起こりうる状況をイメージすることも有効である。ボールミートした瞬間に打つ3Pシュートや、第4ピリオド残り時間5秒、2点ビハインドの状況での3Pシュートなど、様々なシチュエーションをイメージする。このことで試合中のプレッシャーや予期せぬトラブルにも対応できる力がつくだろう。

試合直前・試合中のイメージリハーサル

イメージリハーサルはなぜ必要か？

イメージトレーニングを続けると、個々のプレイだけでなく試合全体の流れをイメージできるようになる。それがイメージリハーサルだ。これは、練習の効率やプレイに対する集中力が上がり、個人やチームの弱点を克服するのにも役立つ。

- 鮮明にイメージできる
- 練習の効率が上がる
- 集中力がアップする
- 短時間でイメージリハーサルを行えるようになる

イメージリハーサルを行う

イメージリハーサルは、試合直前や試合中に行うのが効果的。どんな状況でも対応できるように、試合前の数週間はイメージリハーサルに十分な時間をかけ、試合の細部にわたってイメージするといいだろう。

CASE1 試合前夜

試合前夜に明日の試合のイメージリハーサルを行うと、試合開始から相手よりも一歩優位な精神状態になれる。

CASE2 試合中

ハーフタイムは休息と作戦の強化や修正に使われる。ポジティブに戦っていたかなどを振り返り、集中力を高めるトレーニングを行う。

ADVICE 試合後

感情の高ぶりが落ち着くのを待ち、ゲームを心の中で再現する。「最高のプレイをしていたか」「集中していたか」を考える。

ミスタークラッチと呼ばれたシューター

ジェリー・ウェストとロバート・オーリー

ここぞという場面でシュートを決め、試合の結末を決定するクラッチシューター。NBAでスコアラーといわれるプレイヤーたちはクラッチシューターといえるが、ここでは代表的な2人のプレイヤーを紹介する。

1960〜74年にロサンゼルス・レイカーズで活躍したジェリー・ウェスト。NBAのロゴマークのモデルとなっている彼は、どんな場面でも試合を決定するシュートを決めた。試合がピンチになるとチームメイトは彼の姿を探し、彼もまたその期待にこたえる。その勝負強さは「ミスタークラッチ」といわれるほど。

サンアントニオ・スパーズで活躍するロバート・オーリーもまたNBAの歴史の中で屈指のクラッチシューターといわれ、「ビッグショット」と呼ばれている。彼は負けそうな試合でも「これで勝った」と思わせるようなシュートを沈める。彼らだけでなく、多くのクラッチシューターは毎日の練習を自信に変えている。また、プレッシャーに負けず、最高のプレイをいつでも行えるメンタル的なタフさも兼ね備えている。

CONCENTRATION｜集中力を身につける
シュートミスを恐れない

シュートミスが何本も続くと、誰しもが不安になる。しかし、打たなければ得点は入らないし、何よりも攻める意志が失われてしまう。ここではミスを恐れずにシュートを打つためのトレーニングを紹介する。

シュートを打つときの心得

- 数多くシュートを打つ
- シュートミスをイメージしない
- ボールがゴールに通るところをイメージ
- ゴールだけを見つめる

シュートで最も必要なのは「打つ勇気」。ミスを恐れず、自分の力を信じて打つことが何より大切なことなのだ。例えば、1試合あたりのオフェンス回数は80～90回。その中で個人がボールを持てる時間はわずか7～8分。手にしたボールを全てシュートしたとして、そのうちの4割が入れば少なくとも66得点はあげられるだろう。

シュートは打たなければ入らない

1試合あたりのオフェンス回数
80～90回

⬇

1試合あたりの個人がボールを持てる時間
7～8分

※プレイヤー5人が均等にボールを持った場合

⬇

4割の確率で入ったとすると
66得点

シュートの不安をなくす

いつでも成功をイメージできるようにする

優秀なシューターは自分が打ったシュートは入るものだと考える。これはポジティブなイメージ（シュートが成功する）が、意識の中に焼きついているからだといわれている。正しいテクニックやフォームをいつでも思い描けるようにする必要があるのだ。

1 ボールを持ち、目を閉じてゴールを通過するボールをイメージする。

2 目を開けて、シュートを打つときと同じようにバックスピンをかけ、空中にボールを投げる。

3 再び目を閉じて、バックスピンをかけたボールを心の中でイメージする。

4 コートを歩いて様々な角度に立ち、ボールがゴール上約30cmの位置から通過する様子をイメージする。

集中してシュートを打つ

シュートを決めるためには、テクニックの他に集中力が必要となる。集中力とは、あるひとつの対象に対して心の焦点を絞り込むこと。ここでは集中力を鍛える方法を紹介する。

集中力を乱すもの

試合中には肉体疲労、観客からの声援、コーチやチームメイトからのプレッシャー、「このシュートを決めなければ」という自分に対するプレッシャーなど、集中力を乱す要因がいくつもある。そして、人間の5感がそれぞれに働けば働くほど、心は乱されてしまうという。

肉体疲労
自分のフォームの乱れやテクニックが気になってしまう。

外的プレッシャー
コーチやチームメイトからの期待。

雑音や騒音
大声で叫んでいる観客や他のプレイヤー。

心の中の雑音
「今日はシュートタッチがいいか?」といった自問。

内的プレッシャー
「ここで決めなくては」といった自分に対する重圧。

カウントして集中力を鍛える

バスケットボールでは視覚が最も重要な感覚とされ、よく「ボールを見ろ」といわれる。これはボールに意識を集中するということである。しかし、具体的にどのようにすればよいのかというプレイヤーの疑問はあまり教えられないようだ。ここで紹介する方法の注意点は、技術的なことを忘れることだ。

イチ 1 チームメイトからパスが出された瞬間を「1(イチ)」とカウント。

ニイ 2 自分がパスを受けとった瞬間を「2(ニイ)」とカウントする。

サン 3 シュートを打つ瞬間を「3(サン)」とカウント。

ヨン 4 ボールがゴールを通過した瞬間を「4(ヨン)」とカウントする。

ミスした後に行うこと

1人で練習する場合
ミスを分析する

1人でシュート練習をしていてシュートミスをした場合。重要なのは「何を見ていたか」を知り、成功したときと何が違っていたかを分析することだ。次にシュートを打つときは、成功したときにどこを見ていたのかを確かめる。

試合やチームでの練習の場合
ミスのイメージを消す

人間は少し前に見たものを記憶する。そのため、シュートミスのイメージが残ってしまうと同じ失敗をする可能性がある。それは失敗してボールがゴールに当たった位置に焦点を合わせてしまうからだ。

Time Out　MENTAL! メンタルを鍛える

CONTROL｜感情のコントロール
いつもベストな状態でプレイしたい

プレイヤーなら誰しも、常に最高なプレイをしたいと考える。しかし、試合ではなかなかそうもいかない。その原因のひとつが「感情の乱れ」だ。ここでは感情をコントロールし、好調な状態をキープする方法を紹介する。

プレイヤーの感情を乱すもの

感情が乱れる原因

- 観客の声援
- 失敗への恐怖心
- 不十分な準備
- 自信のなさ
- 監督やチームメイトからの期待
- ディフェンスからのプレッシャー

⌄

今、この瞬間をコントロールする

試合中のプレイヤーの感情は「あきらめ」「怒り」「恐れ」「挑戦心」に分けられる。この中で試合に勝つことができるのは「挑戦心」だ。しかし、試合中は観客の声援、プレイのミスなど感情を乱す要素が多くある。それを引きずると「あきらめ」や「恐れ」の感情が生まれてしまう。しかし、試合中にいくら反省しても逆効果なのだ。ベストな状態とは、瞬時に気持ちを切り替え「挑戦心」を失わずプレイすることである。

（吹き出し）なんでこんなパス出すんだ！／ディフェンスが強そうだな…／この点差じゃもう無理だ…

ミスは誰にでもあるもの

マイケル・ジョーダンの記録の裏側

1989年のプレイオフ、クリーブランド・キャバリアーズと戦ったシカゴ・ブルズのマイケル・ジョーダン。2勝2敗で迎えた第5戦、得点は99対100で残り時間はわずか3秒。ジョーダンは試合終了のブザーとともに、逆転を決定するシュートを沈めた。

彼は得点に対して貪欲なプレイヤーであった。しかし、彼が沈めたシュートの裏側には、その何倍ものミスショットがある。誰よりもシュートを決めた得点王が、それ以上のミスショットをしている。これは、ジョーダンが他のプレイヤーよりもはるかに数多くシュートを打っているということだ。貪欲にシュートを狙うジョーダンは、どんな状況でも失敗に対する恐れはない。苦しいときも好調なときも、自分をコントロールするのが勝負強いプレイヤーの実像なのだ。

自分の感情をコントロールする

しぐさで気持ちを切り替える

プレイとプレイの間は、感情が乱れやすくなる。しかし、そのときにわずかなしぐさをすることで気持ちが切り替わる。すると、過去のプレイに引っ張られずに、新鮮な気持ちで次のプレイに挑める。

ガッツポーズ
シュートを決めたら、軽くガッツポーズ。このしぐさで「次も決めなければ」という気負いをなくす。

靴ひもを結ぶ
相手にシュートを決められたときや、逆転されてしまったとき、靴ひもを結ぶのもいいだろう。ひとつの区切りができ、意気消沈するのを防げる。

しぐさでも気持ちが乱れるときは

シュートミスが続いてしまったときは、その余韻が残りやすく、しぐさだけでは気持ちを切り替えられないことがある。そんなときには、呼吸法で気持ちを切り替えるのもいいだろう。

CASE1

1 足を軽く開き、全身をリラックスさせる。手を軽く振り、体を上下に動かす。

2 感情が落ち着く呼吸法を行う。鼻を使い、5秒吸って10秒吐く。これを5〜10回行う。

CASE2

1 0.5秒に1回のペースで呼吸を20〜50回行う。鼻で呼吸をする。
背筋をのばす
吸うときはお腹をふくらませ吐くときはへこませる

2 大きく、落ち着いた声で「小さなことでイライラするな。大丈夫だ」と自分に話しかける。
「大丈夫だ！」

3 今やるべきことを考え、頭の中でそれが成功しているイメージを思い描く。
結果を考えず、成功している様子をイメージする

Time Out
MENTAL! メンタルを鍛える

CONFIDENCE | 自信を持つ
ディフェンスの雰囲気に屈しない

自信はプレイヤーにとって重要な要素。どんな状況でもあわてることなく、冷静でいるためにはこの自信を手に入れなくてはならない。ここでは自信を持つための方法を紹介する。

自信を持つための「セルフイメージ」

自信とは？

自信の大きさは過去の実績に比例しない。試合に勝ったから自信が持てるのではなく、試合の前に自信をつけて勝利するというのが本当の姿なのだ。つまり、これから行うプレイを練習でマスターしていれば、自信を持ってプレイすることができる。この自信に密接に関わっているのが「セルフイメージ」である。セルフイメージとは「自分はプレッシャーに弱い」といったように、長い時間を経てつくられた自分のイメージである。例えば「自分は3Pシュートが苦手だ」というセルフイメージを持っていれば、そのマイナスのイメージによって実力を発揮できないことが多い。ポジティブなセルフイメージを持つためには、毎日の練習の中で細かく目標を設定し、達成することが必要だ。そうすることで、確かな自信を得られるのだ。

自信
過去の実績は自信に比例しない。つまり、実績がなくても自信を持つことはできる。

次に行うプレイに対し、それが成功すると思える
例えば、残り5秒で自分にボールが回ってきたとき、練習でも同じシチュエーションでシュートを決めたことがあれば「あのときと同じようにできる」と思える。

セルフイメージ
どんなに苦しい状況でも「自分はプレッシャーに強い」というセルフイメージがあれば、最後まであきらめずにプレイできる。

的確な目標をクリアすること
自信を持つためには、練習のときに目標を達成しておく必要がある。「残り5秒で3Pシュートを決められる」など、細かな目標を積み重ねる。

ディフェンスのプレッシャーをはねのける

観客、コート上の第三者の視点でイメージする

ディフェンスからのプレッシャーに負けないためにはイメージトレーニングが有効だ。自分が苦手なプレイなど、目標を決め、様々な視点でイメージする。そのとき、会場の音やボールの感触など、具体的にイメージする。また、観客やコート上の第三者の視点でイメージすることで、自分の姿を外から見ることができる。これはセルフイメージを改善するのに役立つ。

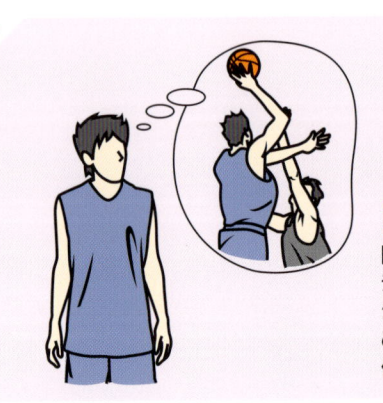

1 目標を設定する
目標とするプレイは、ディフェンスの上からジャンプシュートを決めるといったように、具体的にする。

自信を得るための目標の立て方

STEP1 目標は具体的で正確なものを設定する

STEP2 STEP1で決めた目標をいつまでに達成したいかを決める

STEP3 目標を達成したときの自分のプレイが今と比べてどのくらい変わるかを考える

STEP4 なぜ現在達成していないのか、どうすれば達成できるのかを考える

STEP5 STEP4での問題点を書き出し、達成までの計画を立てる

STEP6 実行するために必要な時間や練習と、達成後の結果がつりあうかを考える

STEP7 計画を実行するためのスケジュールをカレンダーに書く

STEP8 計画を立てたらその日からすぐに実行する

STEP9 目標を達成したときに、新しいウェアを買うなど、自分へのごほうびを用意する

STEP10 STEP1からSTEP10をもとに自分の目標を確認する

2 観客の視点でイメージ
観客の視点に立ち、コート上で自分がプレイを成功させている姿を思い描く。

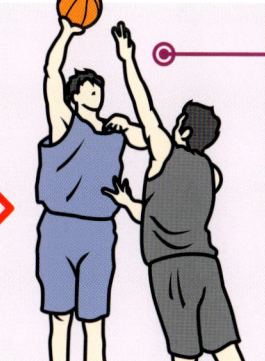

3 自分のプレイを外から見る
コート上の第三者の視点に立ち、ディフェンスの肩越しに自分がシュートを決めているシーンを思い描く。

ADVICE 第三者の視点に立つことが難しいようなら、成功している有名なプレイヤーを思い描いてもよい。

Time Out / MENTAL! メンタルを鍛える

目標をチェックする

目標を設定したら、それが的確かどうかをチェックする。漠然としていたり、現実的でない目標は不安の原因となり、自信の喪失につながりやすい。的確な目標は自分の能力と自信に比例していなければならないのだ。

CHECK 1
具体的かどうか
例えば「強いプレイヤーになる」という目標は具体的ではない。「ここぞというときにシュートを決める強いメンタルを持ったプレイヤー」という目標の方が具体的といえる。

CHECK 2
計測可能かどうか
その目標がいつぐらいまでに、どのような段階を踏んで達成できるのかを明確にイメージできるか確認する。

CHECK 3
達成可能かどうか
現在の自分の実力に見合った目標かどうか確認する。

CHECK 4
現実的かどうか
現実的な目標は、自分が何をすれば目標を達成できるかを、すぐにイメージすることができる。例えば「インターハイに出場する」という目標は具体的だが、全国大会までは長い道のりがある。また、自分ひとりの問題ではないので現実的な目標とはいえない。

CHECK 5
期間限定かどうか
その目標がどのくらいで達成できるかを考える。あまりに期間が長いものでは、自信よりも不安が大きくなってしまう。

ADVICE
「試合で大活躍し、インタビューを受けている」といった現実的でない目標は、不安やあせりの原因になってしまう。

ポジティブな言葉を自分にかける

試合直前や試合中に自信を持てるようになる

自分に対してポジティブな言葉をかけることでも、セルフイメージは向上する。試合直前や試合中に何らかの原因で自信を失ってしまったら、このトレーニングを行うといいだろう。くり返し、ポジティブな言葉をかけ、その後に目標を達成している自分をイメージする。こうすることで、ネガティブなイメージを排除し、よりよいセルフイメージをつくり上げる。

- 何度も繰り返してイメージする
- 言葉は短く特定したもの
- 否定文はイメージしない
- 必ず「ぼくが○○していること」とする

目標を紙に書く

適切な目標が設定できたら、それを手頃な大きさの紙に書く。そこに期限も書いておくように。達成したい時期の6ヶ月ほど前に5枚つくり、よく目にする場所に貼る。

目標が達成される確率が高まる

目標を何度も読んだり、イメージするうちにセルフイメージは向上する。すると、それまであったセルフイメージは目標に合った形につくり変えられていく。これを行わないプレイヤーに比べると、目標達成の確率に差が出てくるといわれている。また、何度もイメージすることで「ミスをしたらどうしよう」「シュートが決まらなかったらどうしよう」といったマイナスのイメージが浮かばなくなる。

⇩

何度も読んでイメージするうちに、セルフイメージが大きくつくり変えられる

＝

目標が達成されやすくなり、自信もつく

ADVICE
日常的に目にするところに貼り、目にする度に声に出して読み、目標が達成される姿をイメージする。

ポジティブな言葉の例

ぼくは積極的にシュートを打てる	ぼくはシュートのとき、ゴールだけを見ている	ぼくはドリブルしているとき、コート全体が見えている
ぼくはフリースローのとき、落ち着き、自信を持っている	ぼくのドライブはだれもディフェンスできない	ぼくはどんな相手でもディフェンスできる

SELF MOTIVATION｜セルフモチベーションを高める
つらい練習を楽しむために

バスケットボールをはじめた頃を思い出してみる。バスケットボールならではの楽しさやおもしろさを経験し、その喜びをもっと味わうために必死に練習していただろう。

やる気をチェックする

やる気は練習を効果的にする最も重要な要素である。ただコーチの指示通りに練習をこなすのでは意味がない。練習では試合と同じように、自分がどんなプレイをするべきか考え、工夫する必要があるのだ。この姿勢の源となるのがやる気である。ここではまず、今の自分のやる気をチェックする。

STEP1
練習に意欲的かどうか5段階で評価する

- □ 1 まったく意欲がない
- □ 2 あまり意欲がない
- □ 3 自分の弱点に対しては意欲的
- □ 4 やや意欲的
- □ 5 意欲的

STEP2
STEP1の理由を書く

（例：体調が悪くてやる気がない）

ADVICE
練習は失敗をして経験値を上げるところだ。つまり、試合でいいプレイをしたければ、練習でチャレンジをして失敗することが重要なのだ。失敗をポジティブにとらえ、練習を楽しむことがスキルアップの近道かもしれない。

練習の目的を考える

「シュートを決めてやる」という気持ちが「シュートを決めなければならない」となったとき、自分自身へのプレッシャーになってしまう。これを防ぐには、自分が目標とするプレイができない理由を知ることが重要だ。

大きくAを書く
1枚の紙に大きくAを書く。

問題を書く
Aの下に今自分が問題だと思うことを書く。

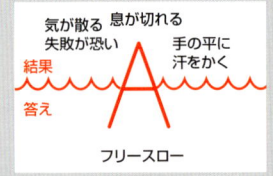

波を書く
Aの横線の延長に波を書き、波の上には自分の感情や置かれている状況を書く。

対応策を考える
自分の考えや置かれている状況が明らかになると「○○しなければならない」というよりも「○○できるようになりたい」と考えられるようになる。

やる気をとり戻すトレーニング

STEP 2で意欲的でない理由を確認したら、それを解決する方法を考える。バスケットボールをはじめた頃、ワクワクしていた練習のことを思い出したり、ファインプレーをしたときのことを思い出す。

TRAINING1
バスケットボールをはじめた頃、どんなことが楽しかったかを5つ書く。

（例：はじめてレイアップシュートが決まったときは、成長したと感じてとても嬉しかった）

1
2
3
4
5

TRAINING2
これまでの自分のファインプレーを5つ書く

（例：98対100で負けているとき、ラスト15秒で打った3Pシュートが決まり、逆転できた）

1
2
3
4
5

MENTAL! メンタルを鍛える

COLUMN 5 最強スコアラーの条件 vol.2

LEBRON JAMES
レブロン・ジェームズ

PROFILE

身長	203cm
体重	113.4kg
ポジション	SF
生年月日	1984年12月30日
国籍	アメリカ合衆国

　常人離れしたパワーを持ち、さらにスピードも兼ね備えているレブロン。彼はその特筆した能力を発揮し、思いのままにゴールへアタックする。しかし、彼が優れているのは得点能力だけではない。

　レブロンは今誰がフリーなのかを瞬時に見極め、決定的なパスを出す。また、試合序盤にパスを多く配給してチームメイトにシュートチャンスを与え、チームのリズムをつけることで試合を有利に運ぶことを考えている。もし、試合が劣勢になったとしても、彼には自ら得点をとる能力があるため問題はない。

　レブロンを1on1で止めることは容易ではないだろう。かといってダブルチームを仕掛けたとしても、彼にはパスがある。ディフェンスを何人も引きつけ、ノーマークになったチームメイトに絶妙なパスを出すのだ。つまり、ディフェンスにとって、レブロンをおさえることは非常に困難なことといえる。

　彼は自分で得点をとることと、チームで得点をとることの両方を考えながらプレイをする。しかし、それだけでは満足しない。すべての面で試合をコントロールすることが彼の最大の目的なのだ。そんな彼は「マイケル・ジョーダンとマジック・ジョンソンを合わせた存在」と表現されるほどである。

DIRK NOWITZKI
ダーク・ノヴィツキー

PROFILE

身長	213cm
体重	111kg
ポジション	PF
生年月日	1978年6月19日
国籍	ドイツ

ノヴィツキーは優れたボディバランスで、どんな体勢でもシュートを打つことができる。また、213cmという長身でありながら、手先の器用さを生かした3Pシュート、ミドルレンジからのシュート、リバウンドからのゴール下シュートと、さまざまな攻撃パターンで相手に抑えどころを絞らせない。どこからでもシュートを放ち、ダブルチームになると、おとりとなって得点チャンスをつくるノヴィツキーは、ディフェンスにとって非常に恐ろしい存在である。

TIM DUNCAN
ティム・ダンカン

PROFILE

身長	211cm
体重	117.9kg
ポジション	PF
生年月日	1976年4月25日
国籍	アメリカ領ヴァージン諸島 アメリカ合衆国（二重国籍）

「ミスター・ファンダメンタル」と呼ばれる通り、インサイドで必要な技術を最高のレベルで備え、反復練習を繰り返して得た基本に忠実なプレイを得意とする。特にミドルレンジからのシュート、45度からのバンクショットは確率が高い。ダンカンはコービーやレブロンのように、観客を魅了する派手さはない。しかし、毎日の練習で培われた堅実さという武器と、インサイドでの絶対的な存在感を持っている。

バスケットボール用語解説

ア

アーチ [ループ]	シュートが描く放物線の軌跡。最も飛距離が出る投射角度は40〜45度とされている。
アウトサイド	ハーフコートの3Pラインより外側のエリア。
インサイド	ペイントエリアのこと。
ウィークサイド	ディフェンスの人数が少なかったり、ミスマッチを生じている弱い方のエリア。
ウイング	フリースローラインの延長線上と、3Pラインが交わるエリア。ゴールから45度付近のエリアを指す。
ウイングマン	ファーストブレイクのときに、サイドレーンを走るプレイヤーのこと。
エンドライン	コートを区切る横のライン。ベースラインとも呼ぶ。
オールラウンダー	全てのポジションをこなすことのできるプレイヤー。
オフザボール	ボールを持たないときの動き。

カ

カット	オフェンスプレイヤーの動き。ディフェンスとの関係の中でその軌跡について使われる。
カバー	味方のディフェンスプレイヤーが1on1で守りきれなかったとき、自分のマークマンを放棄してヘルプするディフェンスのこと。
クロスステップ	進行方向と反対側の足でフロアを蹴り、一方の足を前面に大きくかぶせるようにクロスさせるステップ。オフェンスの動きにスライドステップでついていけないときや、大きなパスをインターセプトするときに用いる。

サ

ジャンプストップ	体の重心を両足の中間に置き、ヒザを曲げて構え、次のプレイにすぐ移られるように両足でストップすること。
シュートモーション	シュートを行うときの一連の動作。
スクリーン	オフェンス側のプレイヤーが、ディフェンス側のプレイヤーに対して、自らの体を壁のようにして、相手プレイヤーの動きを封じること。
スティール	パサー、ドリブラー、リバウンダーといったボール保持者から、ボールを奪うこと。

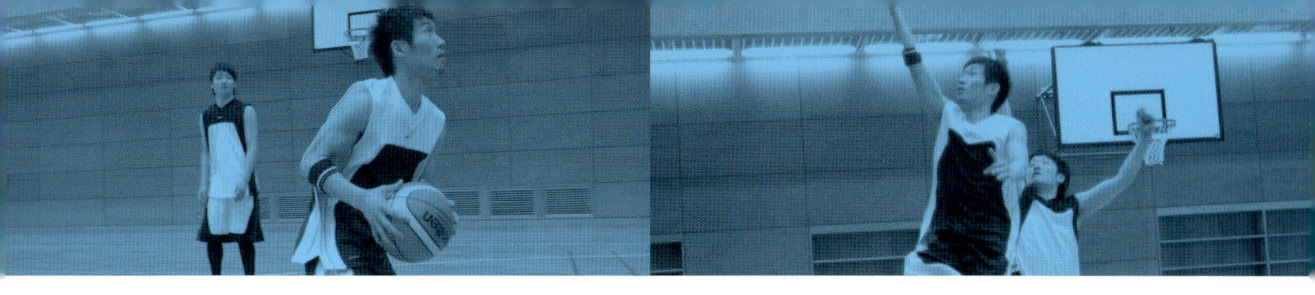

ストロングサイド	オフェンスをマークしているディフェンスがいるエリア。
スナップ	シュートのとき、ボールを持った方の手首をしならせる動作。ボールにバックスピンをかけるために行う。
スライドストップ	ボールを受けた後、2カウントで行うストップ。1歩目がピボットフットとなり、2歩目がフリーフットとなる。
セット	シュートのとき、ボールをリリースする位置まで上げる動作。

タ

ターゲットハンド	パサーがパスを出すときの的（ターゲット）になるように、手のひらをボールに向けて構えておくこと。
ターンオーバー	シュートミス以外でオフェンスの権利が入れ替わること。
タイムアウト	試合中にチームの要求でとることができる作戦タイムのこと。
ダブルチーム	ボールマンを2人のディフェンスプレイヤーが挟んで守ること。
ダブルドリブル	一度ドリブルを終えた後に、再びドリブルを開始すること。
チャージング	オフェンス側のプレイヤーが突破をはかるとき、ディフェンス側のプレイヤーを突き飛ばしたり、押し倒すパーソナルファウル。
ディナイ	相手チームのパスコースを手と足で遮断して、オフェンス中の相手プレイヤーにボールが渡らないようにすること。
ドライブ	オフェンスがドリブルしながらゴールを目指すこと。
トラベリング	ボールを持ったプレイヤーが3歩以上歩いたり、ターンの途中に軸足がブレたりと、ルールの規定よりも足を動かしてしまったときに科されるバイオレーション。
ドリブル	ボールをフロアにつきながらキープしたり、進んだりすること。
トリプル・スレット	シュート、ドリブル、パスのいずれにもすぐに対応できる構え。ディフェンスが次のプレイを予測できなくなることから、「3つの脅威（スレット）を与える構え」と名づけられた。

バスケットボール用語解説

ハ	**バイオレーション**	ファウル以外のルール違反のこと。
	ハイポスト	ポストエリアでゴールから遠いエリア。
	パサー	パスをするプレイヤー。
	バックコート	オフェンスにとって、センターラインを境にして後方の守るべきコート。その逆はフロントコート。
	バックスピン	ボールに与えられる回転をスピンという。シュートのとき、バックスピンがかかるとボールの軌道が安定し、シュートの飛距離がのびる。
	ピボット	トラベリングしないように軸足をフロアに固定して足を動かすこと。ピボットターンの略。
	ファーストブレイク	速攻。プライマリーオフェンスともいう。
	ファウル	体の接触によるルール違反。また、スポーツマンにふさわしくないプレイに対しても与えられる。相手のプレイヤーがシュート中の場合はフリースロー。シュート中でない場合は相手チームのボールとなってスローインで再開される。
	ファンダメンタル	基礎動作。頭で考えずに動くことができるバスケットボールの体の動き。
	フィールドゴール	フリースロー以外のシュートで決まったゴール。
	フィジカル	体力。身体。
	フィンガーロール	シュートのとき、指先を使って上手にボールをリリースすること。
	フェイク	ディフェンスの反応を誘うためのプレイ。全身や足、目線、ボールの動きなどを使ったものがある。
	フォロースルー	リリースした後、腕をゴールへ向けてのばす動作。
	フリースロー	シュートモーションのときに起きたパーソナル・ファウルなどに対し、ファウルを受けたプレイヤーに与えられるシュートチャンス。ファウル対象のシュートが入った場合は1本、入らなかった場合は2本（3Pシュートの場合は3本）が与えられる。
	フリースローレーン	ペイントエリアの両サイドのライン。フリースローのときは、ここにプレイヤーが並び、リバウンドを競う。

ブロック[ブロックショット]	ディフェンスプレイヤーがシュートを空中で叩き、ゴールインを防ぐ動作のこと。
フロントコート	オフェンスにとって、センターラインを境にして前方の、攻めるべきコート。その逆はバックコート。
ペイントゾーン	オフェンス3秒制限区域のこと。ゴール下にある台形のエリア。
ペリメーター	インサイド周辺のエリアのこと。
ボールハンドリング	シュート、ドリブル、パス、キャッチなどをするときの手の感覚やボールの扱い方。
ボールミート	パサーからボールを受けとること。
ポストアップ	ポストエリアで、ディフェンスを体や腕でおさえながら、アウトサイドからのパスを受けとること。面取りとも呼ばれる。
ポストマン	ゴールに近いポストエリアにいるプレイヤーの総称。その逆はアウトサイドマンと呼ぶ。
ポンプフェイク	ゴール下でボールを持ったプレイヤーが、シュートすると見せかけてボールを上下に振るフェイクのこと。

マ

マッチアップ	オフェンスとディフェンスのプレイヤーが相対すること。
ミスマッチ	マッチアップしたときに、プレイヤー同士に身長差があり、オフェンスまたはディフェンスに優劣の差がある状態。
ムービングレシーブ	ボールをミートしてレシーブ、ジャンプストップ、フェイクを瞬時に行い、シュートかドライブに結びつけるプレイ。立ち止まってレシーブするよりオフェンスのチャンスが増える。

ラ

リバウンド	シュートが入らず、リングやバックボードに跳ね返ること。また、跳ね返ったボールをとるために跳び込むこともリバウンドと呼ぶ。
リリース	ボールを放り出すこと。
ローポスト	ポストエリアで最もゴールに近いエリア。

■ 監修 ■
塚本清彦

■ 書籍制作 ■

制作進行	柏倉英司
本文編集	新関拓
	小西七重
	藤田明宏(以上スタジオダンク)
本文デザイン	細淵亮
	松本梢
	白坂麻衣子
	工藤真由美
	岡崎理恵(以上 Studio Give)
DTP	岡村洋和(荻原企画)
撮影	丹宇響
	釣井泰輔
	宇賀神善之(スタジオダンク)
イラスト	今田貴之進
	溝江彩
	川上潤
	本田まさゆき(デザインコンビ)

■ DVD制作 ■

演出	岡林克樹(有限会社エックスワン)
制作	山田智弘
	澤田 拓(以上有限会社エックスワン)
映像撮影	株式会社ANIKI
DVDオーサリング	株式会社BUZZ

■ 協力 ■

総合学園ヒューマンアカデミー
天野孝太朗、大村将基、佐藤広希、ブルーノ坂本、山下恵次、吉田晃大

福田龍秀

明治大学

株式会社ナイキジャパン
URL：http://www.nike.jp/

株式会社モルテン
URL：http://www.molten.co.jp/

株式会社ジェイ・スポーツ・ブロードキャスティング

EA SPORTS & ツカちゃんクリニック

本書を無断で複写(コピー・スキャン・デジタル化等)することは、著作権法上認められた場合を除き、禁じられています。小社は、複写に係わる権利の管理につき委託を受けていますので、複写をされる場合は、必ず小社にご連絡ください。本DVDは、図書館などでの非営利無料の貸し出しに利用することができます。利用者から料金を徴収する場合は、著作権者の許諾が必要です。

DVD バスケットボール テクニック
1on1を極める!

2013年8月11日　発行

監修	塚本清彦
発行者	佐藤龍夫
発行	株式会社大泉書店
住所	〒162-0805
	東京都新宿区矢来町27
電話	03-3260-4001(代)
FAX	03-3260-4074
振替	00140-7-1742
印刷・製本	凸版印刷株式会社

© Oizumishoten 2008 Printed in japan
URL　http://www.oizumishoten.co.jp/
ISBN 978-4-278-04909-1 C0075　R58

落丁、乱丁本は小社にてお取り替えいたします。
本書の内容についてのご質問は、ハガキまたはFAXにてお願いします。